Sustainable
Development
Goals

SDGs経営

"社会課題解決"が企業を成長させる

日刊工業新聞社［編］
松木 喬［著］

日刊工業新聞社

はじめに

　自分は何ができるのだろうか—。会議室にいるのは中学校や高校の先生たち。総勢50人以上だったと記憶している。日刊工業新聞の記者である私には場違いで"完全アウェー"だ。ここで4人ずつのグループをつくって「教育とSDGs」を議論する。慣れない空気に飲み込まれている。しかも、教育問題への知識がない自分が参加して会話はかみ合うのだろうか、不安でいっぱいだった。

　しかし、始まってみると違った。「企業のSDGsの取り組みを取材しています」。そう自己紹介すると先生たちが食いついてくる。どんどん質問してくる。知っている企業、身近な商品がSDGsにつながると分かると、先生たちも関心を持ってくれる。

　先生の話にも興味が湧いた。「授業でどうやってSDGsを教えたらいいのか、悩んでいます」。これはどの先生も共通の課題だった。「SDGsを英語の授業の教材にしたらどうですか」「動画があるといい」と、アイデアが飛び交う。そして「企業の事例、いいですね」と感想をもらえた。門外漢な私でも多少は役に立ったようだ。

　SDGsがテーマなら学校の先生も、産業紙の記者も同じテーブルに着ける。先生たちとの会話から、SDGsには所属の壁を取り払う力があると実感した。SDGsの吸引力によって普段とは違う業種の方と出会い、ビジネスのヒントを得られることもあるだろう。

　このイベントは2018年夏のある日の夜、有志が集まって都内で開かれた。東京・表参道にある「ESD活動支援センター」の柴尾智子さんが私を誘ってくれた。ESDは「持続可能な開発のための教育」のこと。センターは年齢や立場を超え、地域ぐるみで社会課題を考えるESDを推進している。

　柴尾さんは取材の時、「SDGsには何かをしたいと思わせるものがある」と教えてくれた。これもSDGsの力の1つだ。

　フジテレビは2018年夏、SDGsのレギュラー番組「フューチャーランナー

ズ～17の未来～」を放送した（関東ローカル）。社会課題解決に向けて奮闘する市民の姿を追い、視聴者にSDGsを知ってもらう内容だ。編成局の野﨑理さんに制作のきっかけを取材した。社内のCSRチームからの番組提案は初めてだったが「SDGsを広めるのがメディアの役割」と異論は出ず、営業、編成が連動したという。「SDGsには何かをしたいと思わせるものがある」の言葉通りだ。

同じように「社内で何かしたい」と思っている企業人が多い。行政にもSDGsに取り組みたいと考えている職員は少なくない。しかし「何から始めたらいいのか分からない」という声もよく聞く。

自分を振りかえると、社会課題解決に取り組む企業を取材し、記事を書いて世間に発信することが自身のSDGsだと思えるようになった。新聞社であるので目標達成に直接的な貢献はできないが、伝えることでSDGsの認知度向上に役立つと信じている。情報発信によって取材に協力いただいた企業の社会的評価が高まり、その企業のSDGsへの取り組みが加速されるのであれば、それも私たち日刊工業新聞社のSDGsだ。多くの社会人も、直接、間接はあってもSDGsに関われる。SDGsは社会に貢献する企業として評価される機会を与えてくれる。自社とは関係ないと思わず、本業とSDGsの関係を確認して欲しい。

日刊工業新聞は国際連合総会でSDGsが採択された2015年9月25日、1ページを使ってSDGsを報道した。これが「日本初のSDGs特集」と思っている。それ以来、事業活動やイノベーションの視点からSDGsの取材、報道を続けている。2018年9月には国際連合がSDGsを啓発する世界の報道機関を組織化した「SDGメディア・コンパクト」のメンバーにもなった。

早くから取材した蓄積を生かし、本書はSDGsの取り組み事例を中心にまとめた。企業事例の数は、他のSDGs書籍よりも多いと思っている。2人の社長にもインタビューし、経営者がSDGsをどのように活用している

のか直撃した。

　私はコンサルタントではないので「こうすべきだ」と指摘する資格はない。ただ、事例をまとめながら「社会に貢献しているならSDGsを活用して発信した方がいい」と、自分なりの整理ができた。社会からの評価が高まると取引先からの信頼や人材確保につながり、経営は長続きするはずだ。

　職場でSDGsへの取り組みを始める際、「SDGsにはこんなメリットがあります」「こんな取り組み方があります」と説明したいと考えている方も多いと思う。本書が、そうしたSDGs推進者の参考になれば幸いだ。

　（本文の一部は日刊工業新聞に掲載した記事を加筆した。肩書きは原則、取材当時のもの）

2019年2月　　　日刊工業新聞社　松木 喬

●目次　SDGs経営　"社会課題解決"が企業を成長させる

はじめに …………………………………………………………………………001

第1章　SDGsを経営に活用する手法

Step1　SDGsを知る ………………………………………………008

Step2　SDGsがビジネスに役立つ理由 ………………………016

Step3　SDGsを活用しよう ………………………………………021

Interview　国際連合大学上級副学長　沖 大幹氏 ……………029

第2章　社会に必要とされる事業を考える

Case1　株式会社大川印刷
SDGsで新規受注「印刷の仕事をしたいならCSRをやりなさい」……………………………………………………………………040

Case2　株式会社TBM
脱プラ時代の申し子、社会課題解決の思いに共感する大企業が支援 …………………………………………………………052

Case3　WASSHA株式会社
未電化地域でランタン貸し出し。本当の課題解決に価値 ………………………………………………………………………064

Case4　株式会社イトーキ
オフィスチェアの購入でインドネシアの環境・住民生活に貢献できる仕組みを提供 …………………………………074

CONTENTS

Case5 パナソニック株式会社
他社からも引き合い。未電化地域の解消で教育、医療、観光、経済にも貢献する電源システム …… **081**

Case6 ユニ・チャーム株式会社
紙おむつリサイクルを開発。将来リスク「大量廃棄」を回避 …… **088**

Case7 セイコーエプソン株式会社
TOP Interview 代表取締役社長 碓井 稔氏
SDGsがプリンター業界のビジネスモデルを変える"チカラ"となる …… **098**

Case8 楽天株式会社
地域課題解決を目指し創業。大企業になっても継続する取り組み …… **107**

Case9 長野県×関東経済産業局
地域ぐるみで中小企業のSDGs支援 …… **118**

Case10 株式会社滋賀銀行
県内全域への発信力とけん引する力を併せもつ …… **131**

Case11 株式会社LIXIL
途上国へのトイレ普及でユニセフと連携。マーケット創出の援軍 …… **143**

Case12 三菱電機株式会社
商品1つで低所得者と富裕層のニーズを満たす工夫 …… **150**

Case13 コニカミノルタ株式会社
2030年を目指し「バングラデシュでの健康診断制度の定着」を目標設定 …… **154**

Case14 富士ゼロックス株式会社
コピー機メーカーの業態を超えた取り組み。社内ノウハウを地域のSDGsに活用 …………………………………159

Case15 SOMPOホールディングス株式会社
社内からSDGsを広めて、そして社外へ発信 …………167

Case16 住友化学株式会社
社員全員参加のSDGs。活動を投稿し、1人1人が自分ごと化 ……………………………………………………175

Case17 メタウォーター株式会社
TOP Interview 代表取締役社長 中村 靖氏
SDGsがもつ、社員のモチベーション、リクルート、投資家への訴求効果とは ……………………………………182

column 1	取引先の業界のSDGsを知ろう …………………028
column 2	FSC ……………………………………………051
column 3	脱プラスチック ………………………………063
column 4	パリ協定 ………………………………………087
column 5	サーキュラー・エコノミー …………………097
column 6	中小企業のSDGs認知度 ………………………130
column 7	ESG投資 ………………………………………142

第1章

SDGsを経営に活用する手法

Step 1

SDGsを知る

　SDGsは2015年9月25日の国際連合総会で決まった「持続可能な開発目標」だ。英語のSustainable Development Goalsから「SDGs(エス・ディー・ジーズ)」と呼ばれている。2016～2030年の世界共通目標だ。
　国連に加盟する193カ国の政府関係者、NGOなどの市民代表、研究者が3年かけて「今の世界の課題は何か」を議論し、課題解決を2030年までの目標としてまとめた。このためSDGsは「2030年をこういう世界にしたい」という"未来像"を描いたという言い方もできる。経済・社会・環境のバランスがとれた成長が考え方のベースにある。

特別なルールはない

　SDGsは国連が定めた目標だが、企業に置き換えて読める。経営にSDGsを採り入れると取引先の開拓、資金獲得、社会ニーズを捉えた新規事業への進出といったビジネスチャンスが広がる。イメージアップ、従業員の意欲向上、人材確保など経営基盤も強化できる。また、SDGsは未来像であるため、企業を長続きさせる道標(みちしるべ)となる。
　SDGsの進め方に特別なルールはない。品質管理の「ISO9001」のような認証制度でもないのでコストをかけずに経営に導入できる。例えば、「SDGsへの賛同を表明」「本業でSDGs達成に貢献すると宣言」など、思い思いの方法で推進していい。
　新しい活動を始める必要もない。自社の経営理念や事業がSDGsと整合すると確認するところからスタートし、少しずつ新たな視点を経営に採り入れてもいい。
　また、SDGsへの取り組みは強制ではない。世界共通の目標だが、条約ではないので法的拘束力もない。企業にも従う義務はないが、SDGsを経営に採り入れて損はない。慶應義塾大学の蟹江憲史教授は「SDGsに取り

組むと得する仕組みになっている」と語る（Case9 参照）。

　企業なら「事業を長続きさせたい」と思っているはず。社会からの評価が高まれば取引先から信頼され、人材が集まってきて長続きする。私は「SDGs 経営」が社会からの評価を高めると考えている。

17 の目標

　SDGs は 17 の目標（Goals）があり、達成手段を示した 169 のターゲットがある。「1 貧困をなくそう」「2 飢餓をゼロに」が目標だ。SDGs に精通していなくても、1 ～ 17 の目標が書かれたアイコンは見たことがあるかもしれない。

No.	グローバル目標
1	貧困をなくそう
2	飢餓をゼロに
3	すべての人に健康と福祉を
4	質の高い教育をみんなに
5	ジェンダー平等を実現しよう
6	安全な水とトイレを世界中に
7	エネルギーをみんなに　そしてクリーンに
8	働きがいも　経済成長も
9	産業と技術革新の基盤をつくろう
10	人や国の不平等をなくそう
11	住み続けられるまちづくりを
12	つくる責任　つかう責任
13	気候変動に具体的な対策を
14	海の豊かさを守ろう
15	陸の豊かさも守ろう
16	平和と公正をすべての人に
17	パートナーシップで目標を達成しよう

表 1-1　SDGs の 17 のグローバル目標

ただし目標だけでは「宿題をしよう」「歯を磨こう」のような標語のように思え、漠然としている。そこで読んで欲しいのがターゲットだ。SDGsが「2030年の市場予測」といわれる理由がターゲットにある。

169のターゲット

17の目標にはそれぞれターゲットがある。**目標1**「貧困をなくそう」の最初のターゲットには「2030年までに、現在1日1.25ドル未満で生活する人々と定義されている極度の貧困をあらゆる場所で終わらせる」とある。目標に比べ、具体的な内容が書かれている。

期限と数値目標の入ったターゲットが多いのが特徴だ。

目標3「すべての人に健康と福祉を」のターゲットには①「2030年までに、非感染症疾患による若年死亡率を、予防や治療を通じて3分の1減少させ、精神保険及び福祉を促進する」、②「2020年までに、世界の道路交通事故による死傷者を半減させる」、**目標7**「エネルギーをみんなにそしてクリーンに」のターゲットには③「2030年までに、世界全体のエネルギー効率の改善率を倍増させる」とある。

これらの数値目標は2030年までのマーケットニーズとして読み込める。

①の非感染症疾患（がんや生活習慣病）による早期死亡を3分の1に減らすため、世界各地でヘルスケアビジネスの拡大が見込まれる。例えばコニカミノルタは、バングラデシュで生活習慣病予防のための健康診断サービス事業を始めようとしている（Case13）。

②の交通事故を半分に抑えるには、衝突防止や自動運転のような最新テクノロジーの普及や実用化が急がれる。

③のエネルギー効率の改善率を倍増させるため、電気の無駄遣いをなくす省エネ技術の出番だ。

このように、ターゲットから具体的な技術を連想できる。そして、自社の技術・事業が目標達成に使えそうだと気づく。もしくは「世界が自社の技術・サービスを必要としているのだ」とも思えてくるはずだ。

他にも、ターゲットには「水のリサイクル・再利用技術」「情報通信技術（ICT）」「生産」「サプライチェーン」「金融機関」など、ビジネスでなじみのある言葉がちりばめられている。

日本語訳への思い

ちなみに17目標の日本語訳は、博報堂DYホールディングス（HD）がボランティアで制作した。

同社の川廷昌弘CSRグループ推進担当部長はSDGsが採択された2015年9月、米ニューヨークに滞在していた。採択を祝福してプロジェクションマッピングで彩られた国連本部ビルを見上げて「広告会社としてできることがあるはずなのに、傍観者であることが恥ずかしくなった」と感じた。そして、「日本語訳がバラバラだと国内の普及の妨げになる」と考え、国連広報センターに日本語訳の制作を申し出た。

川廷推進担当部長から依頼された博報堂のコピーライターは、はじめは戸惑った反応だったという。SDGsにはある意味、当然な目標が掲げられており、そのまま日本語に訳してもインパクトに欠けるからだ。そこでコピーライターは「私にも呼びかけている」「私にも責任がある」と、読んだ人に"自分ごと"として伝わる言葉にこだわった。**目標9**の「産業と技術革新の基盤をつくろう」は"呼びかけ"型だ。

目標12は当初、英語のまま「持続可能な生産・消費形態を確保する」と訳されることが多く、企業だけの目標と思われがちだった。コピーライターが「つくる責任　つかう責任」としたことで「消費者にもつかう責任がある」と読めるようにした。まさに"自分ごと化"だ。コピーライターが苦心してひねり出した言葉は、日本のSDGsの標準語となった。

"自分ごと化"は社内への浸透でも効果がある。2018年1月の仕事始め、戸田裕一博報堂DYHD社長が新年のあいさつの冒頭でSDGsの理念「誰一人取り残さない」が、博報堂グループの理念である「生活者発想」と通じると社員に語りかけた。「外の言葉ではなく、自分たちの言葉でSDGs

を語った。企業の言語で語ると社員も自分ごと化しやすい」（川廷推進担当部長）と実感する。SDGsを推進する立場の方は、目標やターゲットを業界用語や社内用語に翻訳して役員や社員に伝えると社内に浸透しやくなるはずだ。

博報堂DYHDは「コピーを考える」という本業でSDGsに貢献した。多くの企業も本業でSDGsに取り組める。（本書の17目標は、博報堂DYHDが制作し、国連広報センターに掲載された日本語訳を採用した）

アイコンなどの使用について

SDGsの日本語訳は外務省ウェブページ「JAPAN SDGs Action Platform」内の「SDGsとは」にある。各種参考資料の「持続可能な開発のための2030アジェンダ」のタイトルが付いたPDFにSDGsの目標、ターゲットの仮訳が記載されている。

17の目標が並んだロゴ、個別目標のアイコンは国連広報センターのウェブサイトからダウンロードして使用できる。普及啓発であれば自由に使えるが、詳しくは同センターの「ロゴ使用のガイドライン」を参考にしてもらいたい。

17の目標、169のターゲットに加え、244の指標もある。指標はSDGs達成に向けた進捗を測定するもの。総務省のウェブサイトに日本語訳（仮訳）があり、英語と一緒に掲載されているので参考にしやすい。

持続可能な開発のための2030アジェンダ

正確にいうと、2015年9月25日の国連総会では「我々の世界を変革する：持続可能な開発のための2030アジェンダ」が採択された。このアジェンダ内の「目標」がSDGsに当たる。

アジェンダにはSDGsの理念や目的、背景が書かれている。「我々は〜」で始まる文章に決意が感じられるので味わって欲しい。有名な理念の1つ「誰一人取り残さない」もアジェンダに書かれている。

Step 1 SDGsを知る

　アジェンダは膨大な分量なので、全文に目を通すのは時間がかかると思われる。そこで、SDGs経営にかかわる10文を選んだ。これだけでも基本としておさえておきたい。また、「矢印➡」以降に私の解釈も含める。

①アジェンダは人間、地球及び繁栄のための行動計画である。
　➡ **SDGsの狙い。企業の経営理念に似ている**
②すべての国及びすべてのステークホルダーは、協同的なパートナーシップの下、この計画を実行する。
　➡ **企業にもSDGs達成への貢献を要請**
③目標及びターゲットは、統合され不可分のものであり、持続可能な三側面、すなわち経済、社会及び環境の三側面を調和させるものである。
　➡ **経済・社会・環境のバランスが重要**
④このアジェンダは、（略）すべての国に受け入れられ、すべての国に適用されるものである。
　➡ **SDGsは世界共通**
⑤我々は、すべての国が持続的で、包摂的で、持続可能な経済成長と、働きがいのある人間らしい仕事を享受できる世界を思い描く。
　➡ **日本企業の課題である「働き方改革」に通じる**
⑥失業、とりわけ若年層の失業は主たる懸念である。地球規模の健康の脅威、より頻繁かつ甚大な自然災害（略）は、過去数十年の開発の進展の多くを後戻りさせる恐れがある。
　➡ **失業、健康、災害は日本にも共通の課題**
⑦我々は（略）若者の雇用促進、女性の経済的能力強化の促進を通じダイナミックかつ持続可能な革新、人間中心の経済構築を目指す。
　➡ **日本が提唱する未来社会「Society 5.0」の理念「経済発展と社会的課題の解決を両立する人間中心の社会」に符号**
⑧我々は、気候変動枠組条約が、気候変動に対する地球規模の対応を交渉するための主要な国際的、政府間フォーラムであることを認める。

13

第 1 章　SDGs を経営に活用する手法

　➡気候変動・温暖化対策はパリ協定（コラム 4）の決定を優先。SDGs よりもパリ協定が上位
⑨我々は、小規模企業から多国籍企業、共同組合、市民社会組織や慈善団体等多岐にわたる民間部門が新アジェンダの実施における役割を有することを認知する。
　➡中小企業を含めたすべての民間団体に参加を要請
⑩我々は、こうした民間セクターに対し、持続可能な開発における課題解決のための創造性とイノベーションを発揮することを求める。
　➡企業のイノベーションを求める

　アジェンダには地球や繁栄、平和のフレーズが頻繁に出てくるので「やっぱり国連の目標なんだ」「うちの会社には壮大すぎる」とためらってしまうかもしれない。しかし、アジェンダや目標が経営理念と一致すると感じ

（環境省の資料から作成）

図 1-1　経済・社会・環境・ガバナンスと SDGs の 17 目標との関連性

る企業が多いのではないか。ターゲットには普段使っているビジネス用語が出てくるので、多くの企業人も身近に感じられるはずだ。

　SDGs は国連や政府関係者だけを対象にしていない。「すべてのステークホルダー」などの表現で企業、学術機関、自治体、NGO・NPO に参加を呼びかけている。

　そして飢餓、健康、水問題、エネルギー、災害対策など広範囲な課題を取り込んだため、企業は 17 目標のいずれかの達成に参加できる。"17 も"目標があるので"間口が広い"構造となっており、ターゲットを読むと何をすべきかが分かる。

　ちなみに、アジェンダには「スポーツもまた、持続可能な開発における重要な鍵となるものである」とある。スポーツに関わる人も対象としており、SDGs の幅の広さを感じさせる。

SDGs 成功ポイント

☐ できることから。SDGs を経営に採り入れるために特別なルールはない
☐ 17 目標と 169 ターゲットを読もう
☐ 企業言語化。いつも使っている言葉に翻訳しよう

Step 2

SDGsがビジネスに役立つ理由

　環境省が中小企業向けに制作した「持続可能な開発目標（SDGs）活用ガイド」（以下、活用ガイド）が、SDGsとビジネスの関係を理解する上で参考になる。
　活用ガイドは「企業が将来にわたって継続し、より発展していくために必要となるのが、長期的な視点で社会のニーズを重視した経営と事業展開」と指摘し、経営の継続を実現するツールがSDGsだと説明している。
　そしてSDGsの活用によって期待できる4つのポイントを示している。
（1）企業イメージの向上
（2）社会の課題への対応
（3）生存戦略になる
（4）新たな事業機会の創出
　SDGs活用ガイドは環境省ウェブサイト（http://www.env.go.jp/policy/sdgs/index.html）から無料でダウンロードできる。

説得力をもった社会貢献

　これまで「企業の社会貢献」は曖昧だったかもしれない。「事業で社会に貢献する」と語っても具体性を欠くと聞き手に"軽く"受け止められてしまう。
　その点、SDGsは社会貢献に基準を与えてくれる。例えば、社外の人に「うちは社会に貢献しています」と話す場面で、「SDGsに貢献しています」と付け加えると説得力が増す。さらに「当社の製品はSDGsの**目標3**に貢献します。SDGsのターゲットにあるように、我々の技術を世界が必要としています」と説明できるので発信力が高まる。
　SDGsは国際社会が「今の世界が抱える課題」を選び、その課題解決を「人類と地球に極めて重要」として目標に定めた。つまりSDGsには「世界が

認めた課題」が示されており、その課題解決につながる事業は「ニーズとマッチした社会貢献」といえる。せっかく社会に貢献しているのなら、SDGsに当てはめて発信して損はない。金融機関や取引先、学生にも自社の社会的な役割を伝えやすくなる。

水処理大手のメタウォーターの中村靖社長はSDGsを読んで「国連が水環境の重要性をいってくれている」と理解し、自社の社会におけるポジションを再確認した。そして、いろいろな場面でSDGsを活用して自社の社会的な役割を発信している（Case17）。

経営リスクのチェックリストにもなるSDGs

SDGsを「社会が企業に求めていること」として読むことができる。

例えば「働きがいのある人間らしい仕事」「完全かつ効果的な女性の参画及び平等なリーダーシップ」といった目標やターゲットが出てくる。SDGsは国連の目標だが、企業に置き換えて読める。経営者は社員の人間らしい仕事、女性社員の平等に配慮することでSDGsを実践できる。

別の言い方をすると、経営リスクを確認するチェックリストとしてSDGsを活用できる。企業には「働き方改革」や「健康経営」以外にも、地球温暖化対策、廃棄物削減など、さまざまな対応が社会から迫られている。罰則はないが、対応しないと評判を落としてしまう社会的要請もある。例えば、働きがいのない職場は人材が集まらず、世間からの評判も悪い。一時的に儲かっても優秀な人材が確保できなければ好業績は長続きしない。こうした潜在的な経営リスクをSDGsでチェックできる。

また、これまでなら「次々とやって来る個別の社会的要請」だったが、SDGsには経済・社会・環境のすべての課題が網羅されている。SDGsを読むと、個別の要請を一括でチェックできるという利点もある。

経営リスクを発見して対処すれば、リスクの顕在化を防げる。SDGsの**目標12、13、14、15**には事業活動の制約となる課題がまとめられており、要チェックだ。ユニ・チャームは紙おむつの大量廃棄が**目標12、15**に

関連しており、自社の経営リスクになると再認識して対策を講じている（Case6）。

生存戦略として欠かせない要素

　SDGs活用ガイドには「SDGsへの対応が取引条件になる」と書かれている。

　ESG投資（Column7）の潮流があり、大企業は環境や社会に貢献する事業をするように金融機関から求められている。金融機関も、環境や社会に配慮した企業や事業に資金を流すように世界から迫られている。

　「環境や社会にいい」の基準がSDGsだ。SDGsに取り組む企業は「いい企業」として認められ、有利な条件で資金を調達できる環境が生まれようとしている。滋賀銀行は、SDGsに賛同して社会課題解決ビジネスに取り組む企業に金利を優遇する融資メニューをつくった（Case10）。

　中小企業にもSDGsを理解することが生存戦略となる。いま大企業はサプライチェーンにも社会から厳しい目が向けられている。大企業が社内では長時間労働を是正したとしても、下請け工場で長時間労働が横行しているとしたら、NGOは大企業が下請け企業に長時間労働を押しつけているとみなす。それだけ大企業の影響力が強いのだ。

　NGOからの非難がブランドイメージを傷つけ、不買運動に発展する事態も起きており、大企業はサプライチェーンの環境・社会への配慮も気にするようになった。下請け企業が「SDGsに取り組んでいる」なら環境・社会に配慮していると大企業は認め、安心して取引を継続できる。中小企業にとってSDGsは取引継続の証となる。

　セイコーエプソンの碓井稔社長は、同社工場の労働環境について取引先から質問を受けたと証言する。その出来事がSDGsを理解するきっかけになったと振り返る（Case7）。

　また、SDGs活用ガイドではSDGsへの取り組みが新しい取引先や事業パートナーの獲得、地域連携、新たな事業の創出の効果を生むと紹介され

ている。

新たな事業機会の創出

　本書の第2章では、17社の取り組みをもとに、成功のポイントを述べるが、ここで簡単であるがいくつか紹介しよう。

　中小企業の大川印刷はSDGsを経営に組み込んだことが評価され、50社以上の新規顧客を獲得した（Case1）。イトーキはSDGsに貢献できる商品への引き合いが増えている（Case4）。パナソニックも社会貢献として寄贈していた商品に購入希望が届くようになった（Case5）。社会にSDGsが知られるようになり「SDGsに貢献したい」と思う企業が増えたことで、上記企業の商品が脚光を浴び、ビジネスチャンスが広がったのだ。

　ベンチャー企業のTBMは、神奈川県との連携が実現した（Case2）。TBMはSDGs達成につながる新素材を開発し、神奈川県は地域づくりにSDGsを活用する「SDGs未来都市」に選ばれている。TBMは新素材の普及、県は地域活性化とそれぞれの狙いは違うが、SDGs達成の目的は共有できる。SDGsが合言葉となって自治体と連携できれば、中小企業も地域での信頼が高まる。

　新しい事業の創出はもっとも難しいが、事例が生まれている。富士ゼロックスは地域課題解決を新規事業にしようとしている（Case14）。同じように楽天（Case8）や三菱電機（Case12）も、社会課題から新しい事業のヒントを得ている。

　このように、SDGs活用ガイドの4つのポイント以外の効果も期待できるのだ。

経営理念の再強化・発信力強化

　自社の経営理念、経営方針、事業計画が世の中のニーズに合致しているか、SDGsを使って確認できる。**目標1～17**のどれかに該当したら、目標別のアイコンを使って社会に発信できる。SDGsは世界共通なので海外

企業でもアイコンを見ただけで、どのような事業活動をしているか想像できる。従業員も世界目標と方向性が同じだと理解でき、働きがいを持てる（もちろん SDGs に書かれていなくても、世の中に必要とされる企業や事業はある）。

資金獲得

　SDGs への賛同や取り組みがあると企業を、金利などで優遇する金融メニューをつくる地銀が増えている。滋賀銀行以外でも埼玉りそな銀行、八十二銀行、北洋銀行も投融資で企業の SDGs への取り組みを支援する。
　国際協力機構（JICA）は途上国での課題解決型ビジネスへの進出を支援する「SDGs ビジネス調査」を実施している。今後、SDGs を基準とした研究開発の助成も増えてもおかしくない。SDGs を知っていると資金獲得でも得する。

SDGs 成功ポイント

☐ SDGs を使って事業・技術・製品の社会貢献・社会的役割を発信しよう
☐ 経営リスクをチェックしよう
☐ SDGs の理解が「いい会社」の証に。取引先が安心して取引できる

Step 3

SDGsを活用しよう

(1) 経営への導入
(2) 社会課題解決ビジネス（新規ビジネス創出）

　大きくこの2つが活用方法と思っている。いずれも企業を長続きさせることが目的だ。

　経営への導入は前節で説明したような企業イメージの向上、社会課題への対応などのメリットがある。

　社会課題解決ビジネスは、社会ニーズに合った事業によって収益を得られる。課題を解決することで社会からの評価も高まり資金獲得、人材確保などの好循環が生まれ、長続きする企業になっていく。

　SDGsは「社会にいいことの世界基準」。既存事業もSDGsの視点で見直し、目標やターゲットに当てはまるなら社会課題解決ビジネスとして発信できる。もちろんSDGsからヒントを得て、新規事業として社会課題解決ビジネスに進出することも可能だ。

1. 経営への導入

既存活動とのひも付け

　代表的な作業が、経営理念や事業活動の目標とのひも付けだ（棚卸しや整理、マッピングとも呼ばれる）。SDGsの17の目標と理念や事業目的と突き合わせ、一致するもの、もしくは事業によって達成に貢献できる目標を選ぶ。

　TBMは**目標12**「つくる責任　つかう責任」を核に定め、目標12の達成に向けた取り組みが他の目標達成にも貢献すると整理した。大川印刷、ユニ・チャーム、楽天は社員などの意見をもとに自社の重要課題とSDGsの目標をひも付けた。

第1章　SDGs を経営に活用する手法

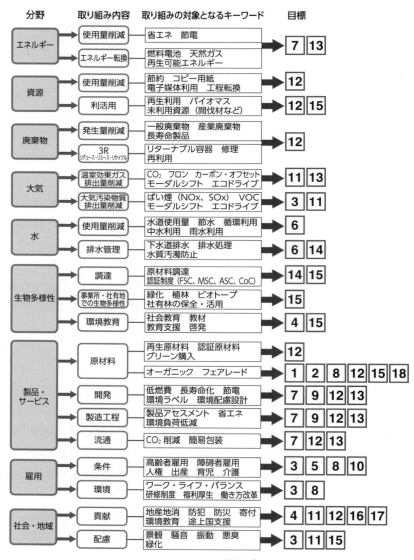

(環境省「SDGs 活用ガイド」(2018年6月) より作成)

図 1-2　SDGs とのひも付け早見表

環境省の「SDGs活用ガイド」には「SDGsとのひも付け早見表」が掲載されている。日常の事業活動が1〜17のどの目標と関連するのかが一目で分かる。

例えば、スピードの出し過ぎや急発進をしないエコドライブは、**目標3**「すべての人に健康と福祉を」、**目標11**「住み続けられるまちづくりを」に関連する。営業車を保有する企業は多い。運転者にエコドライブを心がけてもらうことで、2つの目標に役立つ。

ひも付け作業の方法について、活用ガイドでは「各部署とコミュニケーションをとって、より多くの社員を巻き込むことが重要」と指摘している。

経営計画もひも付ける

3〜5年先までの経営計画を持つ企業が多いと思う。それぞれの事業計画も1〜17の目標とひも付けてみる。もしくは次回の計画を策定する時、SDGsを参考にする。

長野県は総合5か年計画の重点政策をひも付け、関連する目標のアイコンを表示している。普段の業務で目にする計画なので職員も常にSDGsを意識できる（Case9）。

社員への浸透

多くの社員に理解してもらった方が社外への発信力が高まり、新規ビジネスも思い浮かびやすくなる。しかし、社内での認知度向上は難しい。

外部講師を招いての研修会が典型的な社内浸透策だ。また、地域の企業向けにSDGsセミナーを開催する自治体が増えている。内閣府では自治体向けSDGs支援メニューとして講師派遣もしている（詳しくは内閣府地方創生推進事務局）。

住友化学は「仕事を通じたSDGsへの貢献」をテーマとした投稿を社員から募っている（Case16）。座学だけでなく、社員が「自分たちなら何ができるのか」と考える機会を持てる点がいい。

帝人は2017年秋、課長や部長の研修で「SDGs達成に向けて何ができるのか」というテーマを出した。SDGsの目標年である2030年に会社を背負う課長には将来の事業を、現時点の事業責任者である部長には具体的なビジネスを練ってもらった。実際に事業を担当する課長や部長にSDGsを理解してもらう取り組みだ。

長期ビジョンをつくる

いま、企業には長期ビジョンや長期戦略が求められている。長期的な展望があるということは、企業を長続きさせる意思が経営者にある証拠となる。国際連合大学の沖大幹上級副学長も「経営を長続きさせようと考えている中小企業なら、取引先も安心して発注を出せる」と語っている（インタビュー後述）。

従業員も「いまのビジネスモデルのままで将来、大丈夫なのだろうか」と不安に思っているかもしれない。経営者が「2030年も会社が存続しているように、こういう方向性でいく」と長期的なビジョンを示すと従業員も安心するのではないだろうか。

長期ビジョンを考えるには、将来の社会像を想像した絵姿が必要となる。そこで参考となるのがSDGsだ。ターゲットは2030年までのマーケットニーズとして読める。世界が合意したターゲットなので将来予測として重みがあり、長期ビジョンをつくる下敷きとなる。

2. 社会課題解決ビジネス

既存事業の見直し

SDGsのために必ずしも新しい事業を始める必要はない。事業活動と目標とのひも付けで、既存事業がSDGs達成に貢献していると気づくはずだ。もしくは、自社の技術・製品が達成に役立つターゲットが見つかる。目標達成に貢献する理由をしっかりと説明できるなら、SDGsに貢献する社会課題解決ビジネスとして発信できる。目標やターゲットにつながるのであ

れば、取引したい企業が現れるかもしれない。

また、目立った事業や最新技術でなくてもひも付けによって社会的役割を発見できる。すると自治体やNPOと連携した社会課題解決ビジネスを始められる可能性も生まれる。

なぜSDGsが企業に参加を求めているかというと、政府など公的機関による課題解決が限界となっているからだ。国連の援助、国や自治体の税金を活用した課題解決の取り組みが続けられているが、経済格差の拡大、環境破壊などの課題は増える一方だ。そこで企業の活力に頼ることにした。

SDGsは課題を解決した2030年の未来像を描いた。現在と未来像とのギャップをビジネスで埋めると12兆ドルの経済価値が生まれるとされ、企業には市場獲得のチャンスとなっている。

5つのステップとストーリー

社会課題解決ビジネスを始めるのは難しい。中でも、2030年に大きな規模になることを想定して新分野に進出するのが、もっともハードルが高い。

主に大企業向けのSDGs導入の手引書「SDG Compass（コンパス）」には、SDGsの実践が「将来のビジネスチャンスの見極め」であり、「革新的で有効な解決策を見いだし、それを実現する力を持つ企業にとって市場開拓の機会になる」と書かれている。

そして「アウトサイド・イン・アプローチ」を提唱する（Case11）。社会課題解決を目標に定め、ビジネスモデルを考える方法だ。売上高など業績を目標とする従来方法とは違うので、発想の転換が求められる。

ちなみに、コンパスは5つのステップでSDGs導入を薦める。

(1) SDGsを理解する
(2) 優先課題を決定する
(3) 目標を設定する
(4) 経営へ統合する
(5) 報告とコミュニケーションを行う

第1章 SDGsを経営に活用する手法

図1-3 SDGsの取り組みと狙い

　他にもコンパスにはブランド力強化、操業率向上、従業員の離職率引き下げ、財務的価値の強化など経営的メリットが多く紹介されている。コンパスは持続可能な開発のための世界経済人会議（WBCSD）などが作成し、地球環境戦略研究機関（IGES）などが翻訳した。グローバル・コンパクト・ネットワーク・ジャパンのウェブサイトからダウンロードできる。

　SDGsを採り入れるための明確なルールはない。しかし残念ながら「うちはまだ、ステップ1だから」と恥ずかしがる方がいる。コンパスはあくまで参考書なので、ステップ通りにする必要はない。そもそもステップ5に到達することがSDGsの目的ではない。

　また「達成に貢献できる目標が少ないから」という方もいる。目標が多ければ高評価を獲得できるという規則もない。社会は企業に対して社会課題の解決を求めている。企業は社会課題解決で評価を高め、経営を長続きさせることがSDGs活用の目的だ。

　SDGsの取り組みをスタートさせたら、SDGsへの貢献を語るビジネスストーリーを練って欲しい。自社ならではのビジネスストーリーが生まれるはずだ。地域や取引先が共感してくれると社会から尊敬され、新たな強

Step 3　SDGsを活用しよう

みになる。逆に他社のモノマネでは埋没し、コスト競争に陥る。
　自社ならではのSDGsへの取り組みとストーリーの発信がビジネスチャンスを広げると信じたい。
　「我々は、貧困を終わらせることに成功する最初の世代になり得る。同様に、地球を救う機会を持つ最後の世代になるかも知れない。我々がこの目的に成功するのであれば2030年の世界はよりよい場所になるだろう」
　　　　　　　　　（「持続可能な開発のための2030アジェンダ」より）

SDGs成功ポイント

☐多くの社員が参加し、技術・事業・製品とSDGsをひも付けしてみよう
☐将来のマーケットを予測し、長期ビジョンをつくろう
☐社会貢献のビジネスストーリーをつくろう。個性を発揮するチャンス

> **Column 1　取引先の業界のSDGsを知ろう**

業界団体もSDGsへ貢献を宣言している。会員企業のSDGs推進の手引き書となる指針や事例集を作成した団体もあり、自社のSDGsの取り組みを検討する参考になる。

また、業界団体がまとめた情報から取引先のSDGsの活動を知ることもできる。その情報を参考に取引先のSDGsに役立つ技術・製品を提案したり、新しい取引先や事業パートナーの獲得ができたりすると、ビジネスチャンスが広がる。

日本経済団体連合会（経団連）は2017年11月、会員企業に順守を求める「企業行動憲章」を改定し、SDGsを採り入れた。第一条の「イノベーションを通じて社会に有用で安全な商品・サービスを開発、提供し、持続可能な経済成長と社会的課題の解決を図る」は、**目標9**「産業と技術革新の基盤をつくろう」と一致する。経団連は特設サイトをつくり、会員の事例を日本語と英語で公開している。

日本化学工業協会も2017年5月、化学産業とSDGsの関わりをまとめたビジョンを策定した。2018年末には特設サイトを開設し、事例も発信している。

企業にとって自治体もパートナーとなる。内閣府「地方創生SDGs官民連携プラットフォーム」に「自治体SDGsの定義」などが掲載されており、企業はアプローチする参考になるのでは。

その他にも業界別の情報をウェブサイトで公開する団体、官公庁が増えている。

団体・企業名	サイト名
グローバル・コンパクト・ネットワーク・ジャパン（日本最大のCSR推進団体）	インタビューシリーズ：SDGsがつなげる企業の未来
日本証券業協会	証券業界におけるSDGs推進のための取組み
金融庁	金融行政とSDGs
農林水産省	SDGs×食品産業
日刊工業新聞社	SDGsトピックス from ニュースイッチ

Interview

国際連合大学上級副学長

沖　大幹 （おき・たいかん）氏

SDGsは経営の「未来の指標」となる

国際連合大学の沖大幹上級副学長は、日本でも有数の大手流通企業や総合商社などが参加する「SDGs企業戦略フォーラム」を立ち上げ、企業がSDGsを推進する上での課題や方向性を話し合っている。企業の生の声に接する沖副学長に日本企業はSDGsとどう向き合い、どのように活用したらよいのか聞いた。

略歴

博士（工学、東京大学、1993年）。東京大学総長特別参与・教授（サステイナビリティ学連携研究機構）を兼任。地球規模の水循環と世界の水資源の持続可能性を研究。気候変動に関わる政府間パネル（IPCC）第5次評価報告書統括執筆責任者、国土審議会委員などを務める。生態学琵琶湖賞、日本学士院学術奨励賞など表彰多数。書籍に『SDGsの基礎』（共著、宣伝会議）『水の未来―グローバルリスクと日本』（岩波書店）など。

——SDGs企業戦略フォーラム[※1]（以下、フォーラム）とは。

2016年10月、国連大学の副学長に就任しました。その際、国連大学には日本社会と国連を結びつける役割もあると考えました。

日本市民にとって国連はやや遠い存在です。国連活動というと途上国支援、紛争解決のイメージがあって日常生活とは感覚的に遠い。それに米ニューヨークなどの本部も地理的に遠いですね。

私は水や気候変動分野の研究を通して企業の方々とお付き合いがあったので「まずは企業を近づけたい」と考えました。当時はSDGsもまだ企業に浸透していませんでしたが、SDGsの認知向上を通じて日本企業と国連とを近づけられるのでは、と思ったのです。

企業の方々に声をかけ、2017年10月に20社ほどでフォーラムを立ち上げました。サステナビリティ担当者（CSR推進担当者も含む）だけでなく、

Keyword 1　SDGs企業戦略フォーラム

沖副学長が企業約20社に呼びかけて始めたSDGsの勉強会（非公開）。2017年10月から月1回のペースで開催している。

経営戦略や社長室、IR・財務といった経営ビジョン・戦略に携わる部署の方と一緒に参加してもらうことにしています。SDGsをどのように経営に取り込んでいくべきなのか、講演を聞いたり、困難な点をいかに克服するかといった点の議論をしたりしています。月1回のペースで、これまでに10回ほど開きました（2018年11月取材時点）。

──確かにSDGsの勉強会といえば参加者はサステナビリティ担当者、しかも勉強会は乱立ぎみなのでサステナビリティ担当者は繰り返し同じことを聞く機会も多いと思います。他部署の方にフォーラムは新鮮ですね。

大きな企業になればなるほど違う部署で働く同僚の顔も知らないということがあります。フォーラムには1社原則2名で参加してもらい、結果としてはサステナビリティ担当者と他部署の方が議論を始めるきっかけになっているようです。

中間層への浸透、消費者意識が課題

──参加者から聞かれる共通の悩みはありますか。

企業内の中間層、現場（事業部門）への浸透がないという課題を聞きます。

もうひとつ、（消費者に商品・サービスを提供する）BtoC企業からは、消費者に評価してもらえていないという声が出ています。環境や人権、社会への配慮を価値として見てくれる消費者が増えたら、すぐにでも社内が変わると感じている企業が多いのです。消費者意識の変革は、企業活動への大きなインセンティブになります。

──社長や役員など経営層の理解はいかがですか。

上層部の方は意識が高いようです。社外の会合に出席してSDGsが話題になることが多いからでしょう。経団連が企業行動憲章を改定[※2]し、SDGsが広く知られるようになった影響もあるでしょう。社外でSDGsに触れて「重要だ」と思った経営者は、サステナビリティ担当部署に「SDGs

---

Keyword 2　企業行動憲章の改定

2017年11月8日、経団連は「Society5.0」の実現を通じたSDGs達成を柱とした内容に企業行動憲章を改定。企業行動憲章は経団連会員が順守する企業活動の指針。

Interview　SDGsは経営の「未来の指標」となる

にしっかりと取り組むように」と指示を出します。

逆に経営者の感度がそれほど高くないと、サステナビリティ担当者はどうしてよいか困ってしまうようです。

一方、中間層や事業部門は目の前の業務に追われていて、SDGsに接する場が少ないのかもしれません。もしくは知っていても、どんな行動ができるのか考える余裕がなかなかないのでしょう。

17ゴール、17色が分かりやすい

――「名前だけは知っている」という方も多いと思います。理解度に差があっても、ここまで知られるようになった理由はなんでしょうか。

SDGsを知らない企業はいないと思うくらい、広がりました。

17のゴールを見て「うちの事業と関係するのは7番、9番」という感じで、ゴール別のアイコンを貼り付けているだけという批判がありますが、私はそれでよかったと最近は思うようになりました。

ゴールは知っていても、おそらく個々のターゲットや指標まで丁寧に読んだ方は多くはないのではないでしょうか。現状のターゲットや指標はあまり普通のビジネスとは関係がなく、どちらかといえば国の行動指針、政府の責任で達成に取り組むべき内容だったりします。どのターゲットに結び付くのか示さねばならないとSDGsへの取り組みを厳格に捉えていたら、「自分たちには関係ない」と関心を失う企業も多かったのではないでしょうか。

また、ゴールが17もあって多すぎるという声もありました。SDGsの議論中、私も複雑だと感じていました。しかし「17も」あってよかったんです。私の研究分野は水です。他にエネルギーやジェンダー問題の専門

家もいます。SDGsを決める時、それぞれの専門家が譲らなかったから17のゴールができたようです。「17も」あるから、どの専門家も自分と関わりのあるゴールがあって参加できます。

企業も同じです。事業がいずれかのゴールには関連するので「わが社はSDGs達成に貢献できる」と宣言できます。

それにカラーがいいですよね。17色あり、見るとすぐにSDGsだと分かる。コミュニケーションをとりやすい。

趣旨に合うならSDGsビジネス

――これまでのフォーラムの議論での成果は。

ひとつには社内浸透でしょう。トップの意識が高い企業は「SDGsでいこう！」とアクションが起きています。分かりやすい変化が統合報告書[※3]です。自社のSDGsへの取り組みを統合報告書で紹介する企業が増えました。また「CSR部」という名称を「サステナビリティ推進部」「ESG推進部」[※4]へ変更した企業もあります。それだけ意識も変わったのだと思います。

――経営目標へのSDGsの統合はいかがでしょうか。

そういう事例も増えています。

17ゴールのキーワードを自由に解釈し、自社の事業とマッピングし始めています。以前はこうしたやり方は「おかしいじゃないか」と実は思っていました。ターゲットや指標も国連で決められているのだから、決められた指標の向上につながるビジネスをすべきだと。しかし今は、ゴールと

Keyword 3　統合報告書
売上高などの財務情報、環境や社会への配慮、ガバナンス、知的財産、経営の中長期戦略までを含む非財務情報をまとめた報告書。投資家に企業価値を伝えるため発行する企業が増えている。

Keyword 4　サステナビリティ推進部、ESG推進部
リコーが2015年7月にサステナビリティ推進本部、三菱商事が2016年10月にサステナビリティ推進部を設置。丸井グループが2016年10月、J.フロントリテイリングが2018年3月にそれぞれESG推進部を新設。いずれも環境、CSR部の機能を統合し、長期戦略立案や情報開示の役割を持たせた（2018年4月27日付日刊工業新聞）。

のマッピングから始めていいのではないかと考えています。

　SDGsの趣旨に合致していたら、自由に発想を広げたらいい。貧困をはじめとする社会課題の解決、誰一人取り残さない持続可能な社会づくり、経済・社会・環境のバランスをとる、人の自由の拡大、尊厳・幸せの向上、不平等や格差の是正といった趣旨に合うビジネスならSDGsに資するとしていいじゃないかと思っています。

　むしろターゲット、指標にとらわれない評価を提案していきたいと思っています。

SDGsを使う義務はない

——マッピングだけだと現状の追認となり、イノベーションにつながらないのではないでしょうか。

　番号でマッピングできるのがいいです。覚えやすいじゃないですか。

　それに、例えば「2015年以前から取り組んでいる事業はSDGsのためだとはいえない」のでしょうか。SDGsの採択以前から展開する事業でも、SDGsの達成に貢献する事業はありますよね。

　SDGsには明確なルールはありません。なので、アイコンを使わなくても、貧困の削減につながる事業に取り組めます。自分たちでは意識をしていなくても「その事業ってSDGsに当てはまりますね」と社外からいわれるかもしれない。そのくらいでいいのではないでしょうか。

　私たちがSDGsに貢献せねばならないという法的拘束力はありません。ただし、大事なことを考えるためにSDGsがものすごく役立ちます。どのような社会が求められているのか、その社会づくりにどのような貢献ができるのか、SDGsを使って考えることができます。

　フォーラムで講演いただいた機関投資家の方は「とにかく長期ビジョンを教えて欲しい」と参加企業に呼びかけていました。経営トップが自分の言葉で長期ビジョンを語れたらいいですよね。

　2030年、2050年がどんな世界になっているのか想定しないと長期ビジョ

ンはつくれません。SDGs 達成のため、もしくは達成後の世界ではどのような技術・サービスが必要となっているか、わが社がどのような貢献ができるのか、SDGs を読むと想定できます。SDGs は長期ビジョンをつくる手がかりとなります。

　機関投資家は顧客から預かった資産を長期間、運用していきます。持続的に配当してくれる企業があれば、その企業の株式を購入して預かった資産を運用できます。言い換えると機関投資家は、長い目で見てもうかり、深刻なリスクが少ない企業の株式を持ちたいのです。どの企業なら投資しても良いのか、その判断基準が長期ビジョンです。

「こういう会社にしたい」のヒント

――長期ビジョンを持たないと、長期資金を呼び込めなくなります。

　上場している大企業に限ったことではありません。中小企業にも先々代から受け継いできた 100 年企業はたくさんあります。50 年、100 年と事業を営んできた会社なら 50 年後、100 年後も続くと思えますよね。「私の会社はのれんを守って、ブランドを守って 20 年後、30 年後、50 年後も事業を続けています」という会社は信頼されますよね。そういった会社なら信用して商品を買うでしょう。経営を長続きさせようと考えている中小企業なら、取引先も安心して発注を出せます。そこが大事ですね。

　単純に「うちの会社はつぶれたくない」と言うよりも、「こういう社会にしていきたい、私たちの会社は未来社会でこういう役割を担っていく」という共感を呼ぶのが長期ビジョンです。

　「こういう社会」のヒントが SDGs に書いてあります。もちろん途中で社会に大きな変化があるかもしれないが、「今のところのゴールはここです」といえる姿が SDGs に描かれています。

受け身からの脱却

——SDGs を参考にすれば、長期ビジョンに具体的な肉付けができ、説得力を持って語れます。

「売上高 10 兆円を目指す。この事業を伸ばして利益を上げます」といった時、「それにより、安全に管理された公衆衛生サービスを利用する人口の割合が向上します」といえれば、これは SDGs の指標につながります。

ただし「問題があるから解決しましょう」だと "受け身" です。SDGs は「こういう社会にしたい」という理想像を描き、その理想像からバックキャスティング[※5]することが本質だからです。

——長期ビジョンをつくり、それを機関投資家が支持して長い目で事業を見守ってくれるなら、経営者は短期業績に振り回されず腰を据えて自分の経営ができるので、長期ビジョンは経営者にもプラスですよね。

そう思いたいです。それをやるには経営の KPI（重要業績評価指標）と SDGs のターゲットを結び付けることです。

それも経営の KPI を SDGs のターゲットに合わせて作り変えるのではなく、自社の KPI から SDGs のターゲットを探すべきです。KPI とつながるターゲットがなければ、自分たちでターゲットを提案するくらいのことをしたらいい。これが受け身から積極性への脱却です。

言い方を換えるなら、「観客から選手になれ」ということです。

ルールメーキングに参加せず、だれかが作ったルールを守る、ルールは変えられないと思い、従うしかできないと思う立場が「観客」です。

2018 年 7 月の「持続可能な開発に関するハイレベル政治フォーラム」[※6]に参加すると「ターゲットの自国化・地域化」を訴える声が各国から出て

Keyword 5　バックキャスティング
未来に設定した目標から逆算し、いま、すべきことを考える方法。既存技術にこだわらない発想を導き出す。逆に、現在の技術から実現可能な目標を設定する方法がフォアキャスティング。

Keyword 6　持続可能な開発に関するハイレベル政治フォーラム
各国代表が年 1 回、SDGs 達成への課題を話し合う。米ニューヨークの国連本部で開催。

いました。自分たちで決めたルールだから必要に応じて柔軟に変更しようという「選手」の態度です。それに対して一度決めたことは変えられない、金科玉条として一語一句ともそのまま使わざるを得ない、と考えるのはいかがなものでしょうか。

　「この事業はSDGsのターゲット達成には直結しないけど、社会課題解決に役立っている」と説明できればいいじゃないですか。

　企業にとってSDGsの軸で高い評価を得るのは究極の目標ではありません。SDGsをヒントとして事業に取り組み、社会課題を解決し、それが利益につながることが企業には大切なんです。それが企業価値向上につながり投資を呼び込めば、持続可能な経営ができます。

——**SDGsを活用することが目的ではないということですか。**

　企業は価値向上が目標であって、SDGsに合わせることが目標ではないはずです。SDGsは企業価値を上げる手段です。目的と手段をはきちがえてはだめです。

——**先ほどのルールメーキングですが、欧州連合（EU）はサステナビリティを基準とした商業ルールを作っています。**

写真1-1　持続可能な開発に関するハイレベル政治フォーラムの会場

EUは、環境に多大な負荷をかけてつくった製品をマーケットから排除しようとしています。労働者に安価な賃金で長時間労働を強いている工場をサプライチェーンから外すように企業に迫っています。また環境・社会への配慮がない企業と取引しない、持続可能ではない商品は店頭で売らせないという基本姿勢です。EU域内企業を守ることにつながり、非関税障壁かもしれませんが、環境・社会への配慮は正義であり、誰も反対できません。

サステナビリティを口実にしているという人がいると思いますが、実際に商業ルールになっています。そのルールメーキングの一連の流れとしてSDGsをとらえる必要もあります。

中小企業にもチャンス

——地域の中小企業がSDGsに取り組むには。

経団連の企業行動憲章には自社のみならず、グループ企業、サプライチェーンに対してもSDGsに行動変革を促すといった文言が入っています。経団連会員の大企業だけが取り組めばいい、ということではないのです。子会社にとどまらず、資本関係がない取引先も含めたバリューチェーン全体にも行動憲章を順守するように求めています[※7]。

中小企業も理想の社会像を描き、その社会づくりに貢献する長期ビジョンを持っていれば、大企業から信用されて取引継続や新規の取引先に選ばれるチャンスが広がります。

——冒頭で指摘されていた消費者意識についてですが、消費者が環境・社会に配慮した企業や商品を選ぶようになるにはどのような変化が必要ですか。

我々、消費者が適正な価格を支払うことでしょう。日本の製品は安いモ

Keyword 7　経団連企業行動憲章第10条
経営トップは、本憲章の精神の実現が自らの役割であることを認識して経営にあたり、実効あるガバナンスを構築して社内、グループ企業に周知徹底を図る。あわせてサプライチェーンにも本憲章の精神に基づく行動を促す。

ノであっても品質が良く、安全でもあります。

　本当なら安いモノには理由があるはずです。しかし日本では安くても、品質管理に手抜きがあったり、口に入れたら健康被害が起きる物質が入っていたりということはほとんどないですね。

　環境や社会に配慮され、品質管理もしっかりとされたモノに適切な価値を認め、その価値に見合った価格を許容し、なんでもかんでも安ければいいという風潮を変えることが必要でしょう。

SDGs 成功ポイント

□消費者が価値を認めてくれると、企業も変わる。環境・社会に配慮ある商品に適切な価値・価格を
□趣旨に合致するビジネスなら自由に発想を広げる
□SDGs を長期ビジョンをつくる手がかりに
□自社の KPI からターゲットを探す。なければターゲットを提案
□ルールは変えてもいい
□企業価値向上が本来の目標、SDGs に合わせることが目標ではない

第2章

社会に必要とされる事業を考える

Case 1　株式会社大川印刷

SDGsで新規受注
「印刷の仕事をしたいならCSRをやりなさい」

分類	SDGs戦略	企業戦略	戦略期間
中小企業	経営と統合	新規取引の獲得	即効性あり

SDGs目標　3　7　8　12　13　15　17

- 本社所在地：神奈川県横浜市戸塚区上矢部町2053　● 創業：1881年
- 従業員：36人（2018年1月現在）　● URL：https://www.ohkawa-inc.co.jp/

「『あの鐘を鳴らすのはあなた』が頭の中に流れた」——。大川印刷の大川哲郎社長は、SDGsを理解した瞬間をそう思い出す。歌手・和田アキ子さんのヒット曲の歌詞「あなたに逢えてよかった　あなたには希望の匂いがする」がSDGsの理念と重なったという。

それは2017年春、サステナブル・ブランド国際会議でのこと。講演を聴講し「名前を聞いたことがあったが、SDGsがあらゆる課題解決につながると分かった」。その瞬間、頭の中が「希望の匂い」で満ちあふれた。と同時に「世の中、大変なことになっている」と武者震いするほどの高揚感に包まれた。

新規顧客を50社以上獲得

大川印刷の創業は1881年（明治14年）。文豪・夏目漱石の代表作『我が輩は猫である』に登場する消化剤「タカヂアスターゼ」のラベル印刷を手がけた老舗だ。従業員は36人、地元・横浜を中心に印刷業を営んでいる。その同社が、SDGsに熱心な中小企業として知られるようになった。2018年12月には先進的な企業・自治体を表彰する「第2回ジャパンSDGsアワード」（外務省）の「SDGsパートナーシップ賞」に選ばれた。

好評なのが「SDGsを忘れないメモ帳」だ。用紙裏面に「1. 貧困をなくそう」「2. 飢餓をゼロに」などのSDGsのアイコン（絵文字）が描かれている。1枚めくるたびにアイコンが目に入るので、SDGsを忘れること

はない。

国際会議の後、大川社長は行動を起こしたい衝動に駆られ、本業の印刷で認知度アップに貢献しようとメモ帳を製作した。行政などのSDGs関連イベントで無料配布されるうちに話題となり、社員へのSDGsの啓発に使いたい保険会社などから注文が入るようになった。

メモ帳以外でもSDGsに取り組む同社の姿勢が評価され、2018年度は上場企業を含む50社以上の新規顧客を獲得した。環境省が中小企業向けに発行した「SDGs活用ガイド」も同社が印刷を担った。SDGsがきっかけとなり、新規顧客と結びついた。

SDGsで経営計画

SDGsを活用した経営計画づくりも始めている。

以前から大川印刷は従業員によるワークショップ形式で毎年の経営計画を策定している。仕事を進める上での障害、本当にやりたいことなど、従業員が自由に意見や困りごとをいう。重要なのは「いいたいことを出し切ること」（大川社長）。これは「ゴールデンクエスチョン」と呼ばれ、現状の最大限の価値を引き出す手法だ。言い終わると項目ごとに整理し、従業

写真2-1 SDGsを忘れないメモ帳

員が話し合いながら経営計画を作る。やりたいテーマが一緒の従業員が集まり、実際に取り組むこともしている。

　大川社長が国際会議でSDGsと出会ったときは年度の途中だったが、2017年5月にワークショップ形式でSDGsを活用した経営計画を策定した。2年目の2018度からはSDGsを本格活用して経営計画をつくっている。

　実際の策定作業では、これからやろうとする取り組みがSDGsの17ゴールのどれに該当するか整理（マッピング）した。「大川印刷への影響の大きさ」の順番、「ステークホルダーからの関心の強さ」の順番の2つの評価で並べてみた。すると**目標8**「働きがいも　経済成長も」、**目標12**「つくる責任　つかう責任」は「影響」が大きく「関心」も強いと分かった。つまり**目標8**と**目標12**をおろそかにすると経営に大きな打撃となる。結果を受けて、経営計画にSDGsの要素を反映した。

経営計画から新規プロジェクト立ち上げ

　また、SDGsに関連した新規プロジェクトチームも立ち上げた。
　目標7「エネルギーをみんなに　そしてクリーンに」は再生可能エネルギー100％印刷
　目標8「働きがいも　経済成長も」は若者カフェ
　目標15「陸の豊かさも守ろう」は日本初！ FSC 大川ブランド
　自分たちで考えたテーマなら従業員も参加意欲が沸く。上からいわれたことだけやらされていると、SDGsの活動は広がらないし定着もせず、いずれマンネリ化する。大川印刷は社長がけん引するだけでなく、従業員からのボトムアップ型でもSDGsの浸透に努めている。これなら活動は停滞を防げ、自然と推進力が生まれそうだ。

人財教育にも効果

　大川社長は「SDGsは人財育成につながる」と実感を込めて語る。SDGsの感想を従業員に聞いたところ「自分の仕事が世界の課題とつな

がっていると感じ、その意義を感じた」という回答があった。

また、他の従業員は「高校生の子どもの進路指導の時、担任の先生から『2020年まではオリンピックで景気がいいでしょうが、それ以降も活躍する企業はどうですか』と薦められた。"これってSDGsだ"と思った」とエピソードを語ってくれた。従業員のプライベートでもSDGsが将来を考えるきっかけになっている。

他にも頼もしい従業員がいる。

2018年夏、従業員の発案で「学びにおいでよ！SDGs」と題した工場見学ツアーを開いた。主に従業員の子どもが参加し、印刷工程の説明、SDGsを題材にした従業員手作りの寸劇を披露した。

おやつにアイスクリームを配り、ラベルを見るようにうながした。すると子どもたちは「これだ」と気づいて目が輝いた。そのアイスクリームのパッケージには「FSC」（Column2）ラベルが付いていたのだ。

FSCは生態系や社会を守って調達した森林資源であることを示す認証だ。大川印刷はFSC認証紙を積極的に調達し、自社製品にも採用している。見学ツアーで「FSC認証紙を使うことは環境や社会を守ることになる。**目標15**にも貢献する」と子どもたちに教えたばかりだった。

写真2-2　社員のワークショップ

子どもたちは覚えたてのラベルが身近な商品に付いていることを知り、買い物に行くと FSC の付いた商品を探すようになったという。「工場見学のとき、どうしてアイスクリームを配るんだと思っていたら、そういうことか」と大川社長も思わず膝を打ったという。従業員の発案に脱帽した。

ソーシャル・プリンティング・カンパニー

大川印刷の SDGs への取り組みは新規顧客の獲得、経営計画づくり、従業員への浸透と成果を出しており、大企業よりもスピードがある。社長のリーダーシップが発揮できる中小企業だからという見方もできるが、トップの号令だけで SDGs が浸透するわけではない。大川印刷は長年の CSR 活動から SDGs を受け入れられる素地が社内でできていた。

大川印刷は SDGs が採択されるより前から、CSR 経営を進めてきた。2005 年に "ソーシャル・プリンティング・カンパニー（社会的印刷会社）" になると宣言し、本業を通した社会課題解決を目指してきた。

2012 年、西日本の印刷工場で従業員に胆管がん発症者が相次いで確認

写真 2-3　大川印刷の工場内の目につくところに SDGs アイコンが貼られている

| Keyword 8 | 印刷工場の従業員に胆管がん発症者が相次いで確認された問題 |

労働災害として社会問題に。発がんの原因とされる「1,2-ジクロロプロパン」は当時、厳しい規制のある物質ではなかったが、排気設備のない部屋で作業者が長期間、吸い込んだため健康被害が起きた。

された問題[※8]でも、CSRの重要さを思い知らされた。発がん性が指摘されていた化学物質を含んだ洗浄剤の使用が原因だった。同業者に起きた問題が「恐ろしかった」と大川社長は振り返る。もし自社にも同じ問題が起きたら社会から批判され、取引してくる顧客もいなくなる。

　ソーシャル・プリンティング・カンパニーを宣言した2005年から石油系溶剤を含まないノンVOCインキ[※9]を使っていた。作業者が安心して働くことができる。積極的にノンVOCインキなど、石油系溶剤ゼロのインキを使ってきたことで、いまはインキ全量の6割以上の使用量になった。業界平均は数％にとどまっており、同社の徹底ぶりが際立つ。

　ノンVOCインキの使用は、社外向けに「環境にやさしい印刷物」を訴求できる。それだけにとどまらず、従業員満足度の向上にもつながった。石油系溶剤独特の匂いもなくなり、働きやすくなったと従業員も喜んでいるという。

　SDGsが採択される前から取り組んできたが、**目標3**「すべての人に健康と福祉を」、**目標8**「働きがいも　経済成長も」、**目標12**「つくる責任つかう責任」に当てはまる。

CO_2ゼロで印刷

　「ゼロカーボンプリント」（CO_2ゼロ印刷）も同社の代名詞だ。事業で生じた二酸化炭素（CO_2）を、CO_2削減価値を持つクレジットで打ち消す「カーボン・オフセット」[※10]の手法を使う。対象は同社の印刷事業で排出したCO_2量。北海道下川町の森林バイオマス活動事業、山梨県の森林育成事業、

Keyword 9　ノンVOCインキ

VOCは揮発性有機化合物の略。印刷インキ工業連合会のホームページに環境対応型インキの一覧と生産量が記載されている。ノンVOCインキ、植物インキ、エコマーク登録インキ、UVインキ、リサイクル対応型UVインキがある。全生産量に占めるノンVOCインキの割合は1.3％（2015年度）。

Keyword 10　カーボン・オフセット

CO_2排出削減に取り組んでも削減しきれなかった排出量を、他の場所での削減量を調達して埋め合わせること。商品の製造などで発生するCO_2量と同量のクレジットを購入することで、商品のCO_2をゼロにオフセットできる。

住宅用太陽光発電システムの活用などで排出を抑えられた CO_2 量をクレジットとして購入し、自社が排出した CO_2 を実質ゼロ化する。2017年からは地元・横浜市のブルーカーボンプロジェクトで創出されるクレジットの購入も始めた。

同社がクレジットを購入した資金が森林保全に回り、印刷事業に必要不可欠な森林資源の保護に役立つ。同社から印刷物を購入した顧客も間接的に環境保全に貢献できる。また顧客は「CO_2 ゼロマーク」を印刷物に付けて環境貢献を訴求できる。

印刷物の売り上げが増えるほど森林保全に資金が回り、顧客満足度も向上する。まさに本業の印刷を通じた社会課題解決だ。「ゼロカーボンプリント」は2016年に開始し、2017年度末までで350t近いクレジットを購入（CO_2 をゼロ化）した。SDGsの**目標13**「気候変動に具体的な対策を」、**目標15**の「陸の豊かさも守ろう」に貢献する取り組みだ。

また「ゼロカーボンプリント」は森林保全などクレジット創出プロジェクトの関係者、印刷物の購入者によって成り立っており、**目標17**の「パートナーシップで目標を達成しよう」にも当てはまる。

次のステップとして「RE100印刷」への取り組みも始めた。これは関東初の取り組みだ。工場に設置した太陽光パネルが発電した電気を操業に使う。雨天で発電しない時や不足分は電力会社から購入して埋め合わせるが、その電気も再生可能エネルギー（Renewable Energy ＝ RE）由来に切り替え、2018年中に操業の電気全量を再生エネ化する予定だ。「自然エネルギー100％プラットフォーム」[※11]にも参加した。

外資系企業が公式カレンダーに採用

大川社長は従業員にも「印刷を生かした社会課題解決があるはずだ。『印刷の仕事をしたいなら、CSRをしなさい』といってきた」という。

Keyword 11　自然エネルギー100％プラットフォーム
環境NGOの国際ネットワーク組織 Climate Action Network (CAN) の日本拠点「CAN-Japan」が運営する。ホームページも開設（https://go100re.jp/）。

紙製リングで紙をとじた卓上カレンダー「セパレートエコカレンダー」も社会課題解決の視点から生まれた自社製品だ。リングが金属だと廃棄時に取り外す手間があるが、紙製なら分離せずにリサイクルへ回せる。石油を使わないノンVOCインキで印刷し、FSC認証紙を使用。さらに白内障、色覚障害、弱視といった目に不自由がある人でも読みやすいユニバーサルデザインにもした。

　すると外資系企業の目にとまり、公式カレンダーの発注先に選ばれた。CSRを重視する外資系企業のビジョンと卓上カレンダーのモノづくりが一致し、新規取引が始まった。1万〜2万部だった「セパレートエコカレンダー」は4万部の売り上げへと成長した。

　また、別の外資系企業からはFSC認証紙を大量に使用していることが評価され、年間1500万円の取引が始まった。大川印刷は2004年からFSC認証紙を使い始め、用紙全体の39％を占めるまでになった（2017年度）。この外資は顧客の環境NGO向けのパンフレットの印刷を優先的に大川印刷に発注している。FSCが信頼の証しとなっている。

写真2-4　セパレートエコカレンダー

仕事をしたいなら CSR をやりなさい

　地元・横浜で「おくすり手帳プロジェクト」を提案し、お年寄りが使いたい薬手帳を製作した。高齢者だけでなく、薬剤師、救急隊員、市民団体など151名をヒアリングし、意見を反映してデザインを決めた。
　また、市民団体「共生のまちづくりネットワークよこはま」や不動産会社「ジャパンハウジング」と協力して4カ国語のおくすり手帳もつくった。日本で暮らす外国人が病気になると困るのが言葉の問題だ。少しでも不自由さの解消に貢献しようと製作したところ、大企業や大使館が購入してくれるようになった。印刷を通した社会課題解決への貢献が利益につながっている。「印刷の仕事をしたいなら、CSR をやりなさい」の言葉通りだ。
　17 のゴール、169 のターゲットが書かれた SDGs は「本業を通した課題解決のアイデアを枯渇させない」という。事業のヒントを SDGs からも得ている。

中小企業に社会課題解決を提案

　2018年度、まったく新しい事業を立ち上げた。会社案内の製作と CSR コンサルタントを組み合わせた「会社案内＋α（アルファ）」だ。
　依頼のあった中小企業に対し、大川印刷が企業価値を訴求できる社会貢献活動を提案し、その活動実績を収録した会社案内の製作を請け負う。提案する貢献活動は大川印刷が実践する取り組みだ。
　森林資源に配慮した用紙の調達を始めたい中小企業には FSC 認証紙、CO_2 削減に貢献したいのであればカーボン・オフセットや再生エネ100％化の仕組みを紹介する。多くの NPO ともネットワークを持つので中小企業のニーズを聞いた上で、さまざまな取り組みを助言できる。
　「会社案内＋α」の背景にあるのが「大企業の SDGs シフト」（大川社長）だ。大企業が次々と SDGs への貢献を宣言しており、今後、サプライヤーにも SDGs の推進を働きかけてくると考えられる。中小企業も SDGs に取

り組むと継続的な取引が期待できる。逆に怠ると取引先から対応を迫られる。最悪だと取引停止も突きつけられる恐れもある。

中小企業も社会課題解決への貢献を発信しておくと、いずれ広がる「SDGs調達」への備えとなる。「会社案内+α」はCSRの専門コンサルタントとも連携するので、何から始めたらいいか分からない中小企業も支援できるという。「CSRの要素が入った会社案内は取引先だけでなく、学生にも企業価値を伝えられるはずだ」と、リクルートでの効果も期待する。

CSR経営やSDGsへの取り組みが評価され、新規顧客を獲得した経験から「SDGsは大企業から発注を受けるビジネスチャンスの準備となる」と確信する。そして「中小企業からイノベーションが起きる」とも強調する。

あの国際会議でわき上がった「希望の匂い」。SDGsの輪が広がり、日本の経済活動を支える中小企業にも希望が満ちあふれる。そんな光景が大川社長には見えているようだ。

SDGs成功ポイント

□ SDGsは露出の機会を増やす

第1章Step2で紹介した環境省「SDGs活用ガイド」にある「広がる可能性」4つのポイントで大川印刷の取り組みを振り返ってみます。

まず「企業イメージの向上」ですが、同社は「SDGsに積極的に取り組む中小企業」として知られるようになりました。本文でも触れましたが、もともとCSR経営で評価されていました。それが、SDGsが登場すると、大川社長には講演や取材依頼が殺到し、社会への露出が増えました。

「SDGsに取り組めるのは大企業だけ」といった声があります。その大企業も「いったい何をしたらSDGsへの取り組みがビジネスと結びつくの」と悩んでいます。そういった意味で、同社は先行事例として注目です。

「社会の課題への対応」に当たるのがノンVOCインキです。胆管がん問題で、

従業員の健康に配慮しない経営者は社会から非難を受けることが分かりました。中小企業なら倒産に追い込まれるはずです。同社は社会課題を先取りするようにノンVOCインキを使ってきており、課題への対応で先手を打ちました。

「生存戦略になる」には、FSC認証紙の使用が該当します。認証紙を大量に使っていることは、注文を出す方にとっても「安心の証」です。取引先から「環境や人権に配慮していますか？」と質問されても即答できます。

本文では「新たな事業機会の創出」に当てはまる事例を多く紹介しました。紙のリングを使った卓上カレンダー、外国人向けのおくすり手帳、そして社会貢献活動を提案する「会社案内＋α」。本業の印刷業と社会課題の掛け合わせで、次々と新規事業が生まれています。そして外資企業、大使館など、新しい顧客を開拓できました。

Column 2　FSC

　FSCジャパンが2018年7月に開いた記者会見で、3.5秒の間にサッカー場1面分の天然林が世界から消えていると報告した。

　日本にいると森林破壊の実感に乏しい。大々的に報道されることがなく、すでに解決された過去問題という印象もある。しかし2010～2015年でも、世界では年平均650万haの森林が減少した。この数値が「3.5秒間でサッカー場1面分の森林喪失」に相当する。

　樹木は温暖化の原因となるCO_2を吸収し、酸素を作り出す役割がある。森林が減り続けると地球規模でCO_2吸収量が減り、温暖化が助長される。

　森林破壊は環境問題だけにとどまらない。マレーシア・サラワク州の天然林は伐採でほぼ消失し、原住民が住む場所を奪われた。森林の開発事業者と原住民との紛争が絶えず、人権問題からも森林破壊への関心が集まる。

　FSCは森林減少に歯止めをかけ、人権や地域を守る仕組みだ。

　FSCは「Forest Stewardship Council（森林管理協議会）」の英語の頭文字。森林管理協議会は1994年に正式発足したNGOで、環境・人権・社会に配慮した森林から切り出された原料や製品であることを示す「FSC」ラベルの認証規格をつくっている。

　森林を対象とするFM（Forest Management）、加工・流通過程が対象のCoC（Chain of Custody）の2種類の認証がある。FM認証の森林から切り出され、CoC認証の工場で加工された紙や木製品にFSCラベルが付く。

　FMは多様な生物が生息しているか、伐採量を管理しているか、合法的な伐採か、労働者の安全や原住民の人権を守っているかなど、10の原則と70の基準で審査する。

　FSCラベルは消費者へのメッセージでもある。消費者がラベル付商品を選んで購入すると間接的に認証の森林の支援になり、持続可能な森を増やすことになる。

　FSCジャパンによれば世界の森の5％がFM認証を取得しており、CoC認証は3万4000件。日本の森はFM認証は36カ所、CoC認証は1400件（2019年1月時点）。

　※参考文献　FSCジャパンの冊子、ウェブサイト

Case 2 株式会社 TBM

脱プラ時代の申し子、
社会課題解決の思いに共感する大企業が支援

分類	SDGs 戦略	企業戦略	戦略期間
ベンチャー企業	社会課題への対応	新たな事業機会の創出、イノベーション	継続的取り組み

SDGs 目標 | 12

● 本店所在地：東京都中央区銀座 2-7-17-6F　● 設立：2011 年
● 従業員：95 人（2018 年 10 月現在）　● URL：https://tb-m.com/limex/

　国連の気候変動枠組条約第 24 回締約国会議（COP24[※12]）が 2018 年 12 月 2 日から 15 日まで、ポーランド南部の工業都市、カトヴィツェで開かれた。会議が終盤を迎えた 12 日、日本政府が情報を発信する「ジャパンパビリオン」に TBM の山﨑敦義社長が登場し、石灰石（炭酸カルシウム）が主原料のレジ袋、ゴミ袋、ショッパー（買い物バッグ）を発表した。

　柔軟さ、透け具合は使い慣れたレジ袋と同じだ。どの袋も石灰石を主成分とする新素材で作られた"脱プラスチック"製品だ。

脱プラ社会を実感

　2018 年、プラスチック問題が気候変動と並ぶ環境問題の主要テーマになった（Column3）。海洋汚染となる微小なプラスチックゴミ（マイクロプラスチック）の発生を防ごうと、使い捨てのストローやカップの取り扱いをやめる"脱プラスチック"が大きなうねりとなった。その震源地が欧州だった。

　TBM は聴講者にシートやクリアファイルを手渡した。もちろん石灰石が主成分だ。手に取った聴講者は驚き、そして脱プラ社会実現への希望を感じ取ったはずである。山﨑社長の熱のこもったスピーチを聞き終わった

Keyword 12　COP24

気候変動枠組条約を締結する国による会議が COP。年 1 回開催され、地球温暖化対策を話し合う。2018 年 12 月は第 24 回の会議がポーランドで開かれた。当初は国連や政府関係者の参加が中心だったが、近年は企業、NGO の関係者が数万人が集まり、国際社会に温室効果ガス削減の強化を訴えたり、技術を発信したりする場ともなっている。

Case 2　株式会社 TBM

聴講者は立ち上がり、拍手を打ち鳴らした。

欧州や中東から引き合い

　TBM が扱う石灰石は、学校の校庭に白線を引く白い粉と同じだ。その石灰石と樹脂を混ぜた新素材を「LIMEX（ライメックス）」と名付けた。シート状に成形すると紙代替に、石油由来樹脂のように自由な形状に加工するとプラスチック代替にもなる

　TBM が海外から注目されるのは、COP24 が初めてではない。

　イギリスの環境 NGO である CDP[※13] は毎年秋、大企業の環境問題への対応を調査した報告書を発行している。CDP の評価は世界的に影響力があり、日本企業の経営層も結果を意識する。2017 年の日本版報告書に LIMEX が初めて採用された。報告書は重くなく、ページもペラペラとめくれる。文字や写真も印刷されており、石灰石が主成分とは思えない。

　独 BASF など 1 万社以上が参加する団体 CSR ヨーロッパからも声がか

写真 2-5　LIMEX で作られた製品

Keyword 13　CDP
企業の環境評価で影響力を持つ NGO の 1 つ。2000 年に設立され、英ロンドンに本部を置く。気候変動問題への対応に関する質問状を世界の大企業 5500 社以上に送り、回答した企業を採点、評価、公表する。

かり、2018月5月に開催された「Brussels SDG Summit 2018」の公式プログラムにも LIMEX が採用された。

　なぜ、LIMEX で印刷物をつくると環境 NGO や世界的な CSR 推進団体が採用するのか。それは環境・資源問題の解決に貢献する大きな潜在力を秘めているからだ。

　石灰石は地球上に豊富にあって枯渇の心配が少ない。紙の代替品であっても製紙と違い、原料に森林資源も、水資源も消費しない。TBM のウェブサイトによれば普通紙 1t を生産する場合、樹木を約 20 本、水を約 100t 使うという。LIMEX は樹木、水とも使用はほぼゼロだ。名刺 100 枚を LIMEX でつくると、500mL ペットボトル 20 本分の水資源を守る計算になる。

　もともと森が少なく、水不足に脅かされている中東でも持続可能な形で紙代替品を生産・供給できる。実際に海外で工場を建設する計画も進んでいる。TBM は 2017 年 3 月、サウジアラビアの国家産業クラスター開発計画庁と工場建設の交渉を進める覚書（MOU）を結んだ。

　CDP、CSR ヨーロッパとも LIMEX の環境配慮性を評価して採用した。TBM は 2011 年創業、社員は約 100 人だが、笹木隆之執行役員は「公式プログラムへの採用で CSR ヨーロッパのメンバー 1 万社と接点を持てた」と成果を語る。今後、ビジネスでもサステナビリティ基準での調達が広がると予想される。欧州企業ほどサステナビリティを意識して調達先を決める傾向が強まっており、創業間もない TBM は欧州企業から採用されるチャンスを獲得した。

リサイクルの常識覆す「アップサイクル」

　日本でも LIMEX は洋服のタグ、レストランのメニュー表、名刺などへの採用が増えている。名刺は 2462 社が導入している（2018 年 12 月 26 日現在）。

　2018 年はイベントや企業と連携した用途開拓が進んだ。3 月、TBM と日本ブラインドサッカー協会が開催した視覚障害者のサッカー大会「IBSA

ブラインドサッカーワールドグランプリ 2018」の会場に LIMEX でできた横断幕が掲げられた。大会終了後、横断幕は砕いてペレット化し、成形機でスマートフォンカバーを製作した。

　これは、使い終わった LIMEX を原料に石油由来プラスチック代替製品をつくれることを意味する。笹木執行役員は「アップサイクルができる」と素材の強みを付け加える。アップサイクルとは元の製品よりも価値の高いモノに再生すること。横断幕からスマホカバーへのリサイクルがアップサイクルだ。「リサイクル品だから品質が悪い」という常識が、アップサイクルで覆る。

　7 月 14 日開催の都市型マルシェ「太陽のマルシェ」では LIMEX を使用した食品容器、丸皿を来場者に配布した。また 10 月にはスーパーホテルがアメニティー用品のくしに採用し、一部店舗で宿泊者への提供を開始。JR 東日本と協業し、11 月にはビニール傘代替となる LIMEX 製傘のプロトタイプを製造したと発表した。

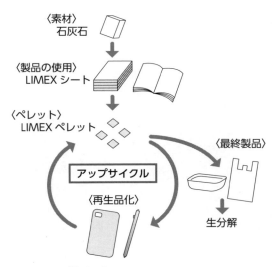

図 2-1　LIMEX のアップサイクル

第 2 章　社会に必要とされる事業を考える

　ホテルのくし、イベントの容器・皿は一度の使用で捨てられることがほとんど。ビニール傘も破損すると廃棄され、資源として再利用されることは少ない。LIMEX なら使い終わった後に回収すれば再び製品に戻せる。一度しか使われずに捨てられてしまう使い捨てプラを減らす"脱プラスチック"への解決策となる素材だ。

地方創生にも貢献

　自治体とも取り組む。2018 年 8 月 20 日、TBM は福井県鯖江市、慶應義塾大学大学院メディアデザイン研究科と相互連携協定を結んだ。

　鯖江市内で配布や掲示される冊子、ポスター、看板を TBM が LIMEX で製造。使用後、市内の郵便局に設置したボックスで回収する。冊子、ポスターなどは粉々にしてペレット化し、食器などに成形する。食器は石油由来プラスチックの代替とするだけでなく、漆を塗って仕上げる。慶應義塾大学大学院はブランディングで協力する。

　この取り組みは使い終わった LIMEX 製品をアップサイクルする工程を社会実装する実証事業となる。しかも、漆の食器という地域とつながりの

写真 2-6　神奈川県との実証事業を発表（左から山﨑社長、黒岩神奈川県知事）

深い商品に再生することで地方創生にも貢献するのだ。

　12月17日には神奈川県とも地域でのアップサイクルの実証事業を始めると発表した。会見した黒岩祐治神奈川県知事は「SDGsの先駆けとなる」「SDGsの理念を広げる製品だ」と期待を表明した。

欧州の歴史と文化に衝撃

　ここでTBMの軌跡を振り返りたい。

　創業者の山﨑社長は大阪府内の中学校を卒業し、大工として働いていると「大きなことにチャレンジしたい」と思うようになったという。すでに20歳を過ぎ、大きな会社に入るのは難しい。では「大きな会社を作ればいい」と思い、中古車販売会社を起業した。

　30歳になり、山﨑社長は欧州へ行く機会があった。イタリアなど4カ国をめぐると「歴史と文化に衝撃を受けた」。建造物が何百年と同じ場所に立ち並ぶ街並みは、「歴史と文化」を額縁にはめたような眺めだった。「何百年もかけて街や建物をつくることは僕一人ではできない。だけど、何百年と続く会社ならつくれるのではないか」。その思いが新たな決意となる。「世界中で挑戦したい。世の中に貢献できることをやりたい」。さらに「"超"のつく仕事をしたい」。何かが爆発を起こしたかのように、行動を起こしたい衝動にかき立てられた。

一番、泣いた日

　帰国後の2008年、石でできた紙「ストーンペーパー」に出会い、「エコがビジネスになる」と確信。台湾メーカーの輸入代理店になったが売れない。価格が高い、重い、何よりも品質が安定しない。手でさわると粉が付くほどだった。

　遅々として改良は進まず、山﨑社長は自ら開発に乗り出す。「紙の神様」と呼ばれた元日本製紙専務の角祐一郎氏（現TBM会長）から助言をもらい試行錯誤し、石灰石を主原料にした日本発の新素材「LIMEX」を開発

した。

　社名の「TBM」は「Times Bridge Management」の頭文字。時代の懸け橋になりたいという願いを社名に込めた。

　量産に向けても東奔西走する。ITベンチャー企業と違い、製造業ベンチャーは工場がなければモノをつくれず、事業にならない。工場を立ち上げるには資金が必要となり、資金調達が大きな壁として立ちふさがった。

　2013年、経済産業省のイノベーション拠点立地推進事業「先端技術実証・評価設備整備費等補助金」に採択され、工場建設への道が開けた。採択の知らせがあった2月6日は「人生で一番、泣いた日」と苦労した仲間の顔を思い出し、目を細める。

　2011年の東日本大震災で被災した宮城県白石市を建設地に決めた。雇用で復興に貢献する思いがあった。ただ、設備導入が始まっても補助金を正式に受け取るまでは自社で資金を投入し続けないといけない。資金工面での苦労が絶えなかった。

熱い思いを持ったキーマンとの出会い

　山﨑社長も仲間と一緒に企業を訪ね、資金提供をお願いして回った。「大企業にも、社会に貢献したいという熱い思いを持ったキーマンがいる。その方々が我々の思いに賛同して社内を説得してくれた」と語る。「日本発の素材づくり」に共感した企業からの支援もあり2015年、第一プラントが稼働した。

　2018年11月には第三者割当増資を実施し、伊藤忠商事、大日本印刷、凸版印刷、フランスベッドホールディングス、三菱鉛筆など8社から31億円を出資してもらった。調達資金は2020年稼働の新工場や海外事業に使う。

　同月にはバイオマス由来の生分解性樹脂[※14]の機能を高める改質剤技術

Keyword 14　生分解性樹脂
微生物と酵素の働きよって最終的に水とCO_2に分解される樹脂。特定の環境中において放置しても自然界への影響が少なく、石油由来樹脂の代替素材としての利用が期待されている。植物のデンプンのポリ乳酸でできた樹脂が代表的。

を持つBioworks（バイオワークス、京都府精華町）の株式を取得し、グループ会社化した。バイオワークスの技術があれば、石灰石に混ぜていた石油由来樹脂を生分解性樹脂に置き換えられる。石油由来素材ゼロのLIMEXを完成させるパズルの"ピース"がそろった。

　以前からTBMはバイオワークスと共同開発を進めており、両社は生分解性LIMEXでできた包装材、カップ、食品トレーなどを開発し、2019年度早期に市場へ提供する予定だ。

　出資してもらった企業とも、LIMEXを使った製品を開発する。「いろいろな企業と一緒に知財をつくっていきたい。各社が作り上げてきたアセットを活用させていただき、普及スピードを上げたい」（山﨑社長）。社会課題解決に貢献したい思いを共有する仲間が社外にも増えてきた。

すでにサステナビリティ専任者

　脱プラ時代の"申し子"TBMとSDGsとの関係もおさえておきたい。

　LIMEXはSDGsの**目標12**「つくる責任　つかう責任」など、多くの課題解決に貢献できる。事業そのもので自然体でSDGsに取り組めるが、あえてサステナビリティ推進者を配置している。笹木執行役員は「起業から間もない今のフェーズでも専任者を抱えて組織としての姿勢を示す。社会課題を社員が共有し、経営理念や使命感を高め続ける」と狙いを語る。

　その専任者である羽鳥徳郎さんの肩書きは「サスティナビリティ・アクセラレーター」。大手コンサルティング会社を辞めてTBMにやってきた。

SDGsを見える化

　TBMの経営をSDGsでみると、コアは**目標12**「つくる責任　つかう責任」となる。12を軸に事業に取り組むと、**目標6**「安全な水とトイレを世界中に」（水資源）、**目標15**「陸の豊かさも守ろう」（森林資源）、**目標13**「気候変動に具体的な対策を」、**目標14**「海の豊かさを守ろう」へと貢献範囲が広がる。

第 2 章　社会に必要とされる事業を考える

　工場の建設は**目標 8**「働きがいも　経済成長も」、**目標 9**「産業と技術革新の基盤をつくろう」にプラス効果をもたらす。そして鯖江市や慶應義塾大学、神奈川県との取り組みは**目標 17**「パートナーシップで目標を達成しよう」となる。「目標 12 にきっちりと取り組むことで、SDGs 全体への貢献につながっていく」(羽鳥さん) 構造だ。

　単に SDGs と事業をひも付け、ゴールナンバーを掲げただけではない。すでに活用もしている。

　TBM のウェブサイト「limex action」では LIMEX の名刺が使われたことで消費を抑制できた水量、伐採されなかった樹木の本数が表示されている。「SDGs のレンズを通して貢献を定量的に見せている」(羽鳥さん)のだ。水量、樹木の本数なら、貢献が量として"手触り感"を持てる。これは LIMEX の名刺を採用した企業も同じはずだ。自分たちが LIMEX を選択した効果が定量的に分かるので、社会へ貢献した実感が湧く。TBM だけの SDGs 貢献ではなく、顧客も SDGs に貢献していると説得力を持っていえるようになる。

　TBM に出資した企業も同じだ。自分たちが出資したお金が世の中に役立っていると説明しやすくなる。貢献の定量化は、ESG 投資(Column7)を呼び込むコミュニケーションツールとなる。

大企業と同レベルへ

　また、起業間もないフェーズでも専任者を置いた理由として笹木執行役員は「攻めもある」と話す。

　TBM は CDP の調査対象ではないが、自主的に CDP の質問状に回答している。また、原材料の調達から製造、廃棄・リサイクルまでの製品一生分の工程の環境影響を評価するライフサイクルアセスメント(LCA)も実行している。

　CDP、LCA とも大企業中心の取り組みだ。中小企業やベンチャーは法令順守、省エネルギー、ゴミの分別活動から始め、少しずつサステナビリ

ティへの取り組みのレベルを上げていくのが、通常のステップだろう。

TBM は大企業と同じレベルを目指している。CDP の質問に答えることで、企業が世の中から要請されている事柄を知ることができる。LCA を活用すると製品一生分の工程から環境負荷の大きな工程を発見でき、改善のヒントを得られて自社の強みとなる。

また「顧客と意識が同じになれば、顧客の困りごとが分かり、ニーズに応えられる」(羽鳥さん) とも期待する。顧客を理解し、1社1社にもっとも価値となる形で LIMEX を提供していくことで、より大きなインパクトを社会に与えられる。妥協のないサステナビリティへの取り組みで、欧州の街並みのように何百年と続く会社になるはずだ。

SDGs 成功ポイント

☐ SDGs を接点に応援者を増やす

「一番、泣いた日」の話を聞き、胸が熱くなりました。山﨑社長の関西弁のせいか、エピソードが漫談のようにも聞こえますが、資金集めに相当、苦労したそうです。

ベンチャー企業やスタートアップとして注目されている企業の経営者の多くも、資金集めに努力したのだと思います。

TBM はメーカーですから、難関は工場建設費でした。工場ができあがらないと補助金を受け取れない。完成まで毎月、何億円という資金を自分たちで集めたのです。大企業にお願いして回ると「熱い思いを持ったキーマン」に出会えました。世の中の役に立ちたいという山﨑社長の思いに共感してもらい、資金を提供してもらえました。

事業で SDGs に貢献したい企業が増えています。ESG 投資の潮流もあり、企業は環境や社会に貢献する事業に資金を使うように求められています。

SDGs ビジネスを展開するベンチャー企業や中小企業は、大企業から資金を提供してもらえるチャンスではないでしょうか。ベンチャー企業、中小企

業もSDGsを意識していた方がチャンスは広がります。

　大学や異業種と連携して開発する「オープンイノベーション」も追い風です。TBMはさまざまな企業、自治体と協力して新素材の普及を加速させようとしています。この連携もSDGsが接点となっているはずです。神奈川県の黒岩知事も「SDGsの先駆け」と語っていたくらいです。

　また、TBMは海外のNGO、CSR団体からも新素材LIMEXが採用されました。SDGsは世界共通なので、一気に海外マーケットともつながりました。SDGsはビジネスの機会を増やしてくれます。

Column 3　脱プラスチック

　2018年はプラスチック問題が注目された。環境問題やSDGsのシンポジウムで、ペットボトルやプラスチック製容器で埋め尽くされた海岸の映像を何度も見た。リサイクルが根付いていない途上国から、使い終わった廃プラ製品が海へ大量に流出しているという。G7は海洋プラを世界的脅威と表現し、危機感を抱く。

　日本には廃プラ製品を回収する社会システムがあっても、リサイクル率は84％（2016年、プラスチック資源利用協会）。高水準かもしれないが、プラ製品の原料などに再利用されたのは27％。燃料替わりに焼却したサーマルリサイクルが58％を占める。しかも国内で再利用されず年150万tの廃プラが中国などに輸出されている実態にも関心が集まった。

　波で砕かれて5mm以下になったマイクロプラスチック（微小プラ）による海洋汚染も国際問題となった。微小プラは有害物質を吸収し、魚や貝の体内に入って生態系を乱す。そして、魚介類を摂取した人への健康被害も心配されている。環境省の調査では日本周辺海域で北太平洋の16倍の微小プラが見つかった。

　海へ流出する廃プラを減らそうと、使い捨てプラ製品をやめる動きが世界に広がっている。レジ袋、ストロー、スプーンなどは一度だけの使用で簡単に廃棄されてしまい、河川から海へ運ばれるからだ。フランスは2016年、レジ袋の配布を廃止し、2020年からプラ製の容器や皿も販売禁止とする。アジアでは台湾が使い捨てプラを2030年までに全面禁止の方針だ。

　ストローやスプーンをやめて海洋汚染対策となるのか、疑問の声もある。しかし、海外は確実に脱プラへ動いている。日本は1人当たりのプラ容器・包装材の消費量が米国に次いで多い。使用を減らす努力が求められている。

Case 3　WASSHA 株式会社

未電化地域でランタン貸し出し。
本当の課題解決に価値

分類	SDGs 戦略	企業戦略	戦略期間
ベンチャー企業	社会課題への対応	新たな事業機会の創出、イノベーション	継続的取り組み

SDGs 目標 | 7　8

●本社所在地：東京都文京区本郷 7-3-1 東京大学アントレプレナープラザ 305 号室　●設立：2013 年
●従業員：127 人（2018 年 12 月現在）　● URL：http://wassha.com/

　取材場所に指定されたのは、東京大学本郷キャンパス内のアントレプレナープラザだった。周囲に比べると建物は新しく、通されたのはコンクリートむき出しの会議室だった。ドアが開くと廊下から日差しが部屋へ差し込み、WASSHA の秋田智司 CEO が現れた。
　ギラギラとした瞳、野心家を連想させるひげ。部屋にあふれた太陽光も手伝って精悍(せいかん)の増した顔は、アフリカで電力ビジネスを手がけるイメージ通りだった。しかし本人は「進出に及び腰だったんです。背中を押される形でビジネスを始めたんです」と明かす。
　「アフリカビジネスの起業家」と聞いて、周囲の反対を押し切って進出した猛者、もしくは損得とは別に情熱で動きだす行動家を想像していた。しかし、どうも違うようだ。

タンザニアでランタンをレンタル

　WASSHA のビジネスフィールドは東アフリカのタンザニア連合共和国。外務省のウェブサイトによるとタンザニアの国土は 94.5 万 m^2（日本の 2.5 倍）、人口は 5731 万人（2017 年、日本の半分）。約 130 の民族が暮らし、労働人口の 6 割が農業従事者であり、GDP は 521 億ドル（2017 年、日本は 4 兆 8720 億ドル）。
　そのタンザニアで WASSHA は「電気を売る」仕事をしている。そうはいっても電力会社ではない。太陽光パネルの電気を充電したバッテリー内

蔵のLEDランタン（携帯用照明具）を貸し出すビジネスだ。住民は照明を使いたい時にランタンを1泊2日で借りる。

　世界では10億人が未電化地域で暮らしており、その半分がアフリカに集中する。秋田CEOは「アフリカの未電化地域には、他の大陸と違う事情がある」と説明する。広大なアフリカ大陸の人口は10億人。中国よりも広い大地に村が点在しているような状況だ。他の大陸なら発電所を建設して送電線を敷設すると未電化を解消できる。しかし、アフリカは村と村の距離が離れ、しかも一つひとつの村の人口が少なく、住民の所得も低い。電力会社は送電線を敷設して村まで電気を送っても、費用に見合うだけの電気代を回収できる保証はない。

　小型発電機から限られた範囲に電気を届ける「ミニグリッド」、太陽光パネルと充電池をセットした「充電ステーション」を設置する解決策があるが、どちらも投資コストと管理に手間がかかるため普及しづらい。

　そこで、家庭への太陽光パネルの割賦販売が出てきた。また、決まった期間分の料金を先払いし、その期間は家庭用太陽光発電システムを使えるビジネスも登場した。期間が終わると自動でスイッチが切れ、続けて使用するにはお金を支払う仕組みだ。他に小さな太陽光パネルとランタンのセット販売もある。しかし、「どれも中間所得者向け。未電化地域に住む低所得者向けのアプローチではない」（秋田CEO）という。

150万人が照明を利用可能に

　一方、WASSHAのランタンを1泊2日で貸し出すビジネスだと、低所得の住民でも電気を使える。1回のレンタル代は灯油ランプの1日分よりも安い。しかも、お金がある時だけ借りられるので手軽だ。

　ランタンの管理は、どの村にもある日用雑貨店「キオスク」に依頼している。キオスクに太陽光パネルと充電池を置き、店員がランタンを充電して貸し出す。

　2015年から事業を本格化して3年でランタンは1000店に置かれるまで

写真 2-7　ランタンはキオスクで貸し出す

になり、150万人が利用できる環境が整った。未電化地域の家庭に照明が入り、明るい中で家族が夕食をとり、だんらんができるようになった。**目標7**「エネルギーをみんなに　そしてクリーン」に貢献している。

また、キオスクの店主への収入となって経済貢献もしているので、**目標8**「働きがいも　経済成長も」にも当てはまる。

アフリカの現金やりとりで一般的なモバイルマネー[※15]も、WASSHAのビジネスとの相性が良かった。未電化地域では銀行口座を持つ住民は少なく、携帯電話のモバイルマネーが主流。ランタンのレンタル料金の支払いにもモバイルマネーを利用する。レンタルの売上高もキオスクの店主が

Keyword 15　モバイルマネー

携帯電話の通信機能を使って送受金ができる電子マネー。銀行口座を持たない人が多いアフリカでは、公共料金の支払いにも利用されている一般的な送受金方法。英ボーダフォンがアフリカの社会課題解決として開発した「M-PESA」が先駆け。

スマートフォンにダウンロードした専用アプリを使って管理している。

　携帯電話の普及率の高さも、ランタンレンタルを支えている。生活必需品である携帯電話の充電にも、ランタンのバッテリーが重宝されているのだ。

高校2年の春休みがきっかけ

　現在、ビジネスモデルは少しずつ変化している。その点についてはまた後で詳しく説明したい。どうして秋田CEOがタンザニアでビジネスを始めたのか、起業までの道のりを振り返りたい。

　秋田CEOは高校2年生の春休み、アフリカに興味を持つようになった。アルバイトから帰宅してつけたテレビがきっかけだった。画面に映し出されたコソボ紛争のニュースを見て「日本は平和な日常がある。なのに今日、明日を生きるか、死ぬかで生活する人たちがいる。何かしたいと思った。視界が開けた」と振り返る。本を買って読んでみると、紛争はアフリカが多いと分かった。「とにかくアフリカに行ってみたい」。まるで神の啓示を受けたように、遠くの大陸へ導かれた。

　春休みが終わると3年生になる。漠然としていた進路に明かりが灯り、道筋が見えた。国際開発を学べる大学への進学を決意した。

アフリカへ。イメージと違う支援のあり方

　2002年冬、大学2年生の時、次は起業へとつながる衝撃を受ける。

　学業に専念しながらアフリカへ行く機会をうかがっていると、タンザニアでNPOの活動に参加できることになった。

　実際にアフリカの大地に立つと、思ってもみなかった光景を目の当たりにする。「日本人もタンザニア人もお互いをリスペクト（尊敬）していた。助け合い、一緒に意見を出し合っていた」。当時を思い出して熱っぽく語る。

　渡航前、日本人が助けるイメージしか持っていなかった。大学の授業でも国連や先進国側からの開発支援を学んでいたし、余裕のある側が貧しい

国を支援するのが当然と思っていた。しかし現地では日本人もタンザニア人も対等であり、パートナーだった。実際、現地の若者から「私は起業して村を豊かにしたい。だから秋田さんも一緒にやろうよ」と声をかけられたほどだ。「支援することばかり考えていた自分の鼻っぱしを折られた」。

起業が目標に

現地の若者から投げかけられた「起業」という言葉が自身のビジョンにはっきりと刻まれた。先進国からの資金援助も大切だが、現地の人と意見を出し合い、現地の社会課題を解決している自分の姿を想像するうちに「起業し、自ら現地に役立つビジネスを始めよう」と決意した。目標が定まり、号砲が鳴った瞬間だ。

大学卒業後、日本IBMに就職して経営コンサルタントになった。まずは経営の勉強をしようと思ったからだ。経験を積むうちに結婚し、子どもが生まれると「早く起業しないと」と思いたち、見切り発車で退社した。

いよいよ起業したが、うまくいかず途上国進出を考える日本企業のコンサルタントとして生計を立てる日々が続く。そうしているうちにアフリカ進出を決定づける転機が訪れる。東京大学の阿部力也教授（当時）との出会いだ。

長いトンネル

阿部教授は電子メールのように電気を送りたい先に届ける電力の識別・融通技術「デジタルグリッド[※16]」の開発者だ。仲間からの紹介で出会った阿部教授に「デジタルグリッドを事業化するお手伝いをしたい」とコンサルの仕事を申し出た。「いきなりだったので怪しまれたはず」と自身の行動を振り返る。しかし阿部教授は「大金はない。けどこの金額なら依頼する」といったという。

Keyword 16　デジタルグリッド
元・東京大学特任教授で、現在「デジタルグリッド」代表取締役会長の阿部力也氏が発明した技術。電気の識別ができ、家庭や企業が電気を融通できる。

Case 3　WASSHA 株式会社

写真 2-8　街頭のないアフリカの町並み

　阿部教授は技術の実用化に向けて有力企業を集めた「デジタルグリッドコンソーシアム」を立ち上げていた。だが、日本は規制が厳しく、途上国の市場を調査してもデジタルグリッド技術を採用できそうにない。なかなか前に進まず「1年は迷走した」(秋田CEO)。長いトンネルに入ってしまったのだ。

　打つ手がなく試行錯誤をしていると、秋田CEOが阿部教授の授業でアフリカの話をする機会があった。聴講した阿部教授は「アフリカ、いいじゃないか。とにかく行こう」と言い出した。思いつきにしか思えなかったが、巡り合わせがよく、経済産業省の調査事業として「デジタルグリッドコンソーシアム」がアフリカに行けることになった。

　2013年2月、ケニアとタンザニアを訪ねたが結局、「デジタルグリッド技術は市場にマッチしない」と分かって帰国。アフリカ行きの希望は断ち切られたと諦めたが、しばらくすると阿部教授にメールが届いた。差出人はケニアで知り合った電力会社の未電化地域電化チームの部長。内容は「やりたいビジネスがある。東大チームなら可能なんじゃないか」という誘いだった。これに阿部教授は「できる。やろうじゃないか」と乗り気になった。

「頭でっかちだった」

秋田CEOは制止した。どう計算しても収益に乏しい。黒字化も見込めないかもしれない。しかも、デジタルグリッドの技術を必要としないビジネスモデルだ。それなのに阿部教授は「やってみよう」の一点張り。

「先生の特許が生かされず、採算も厳しい」と反対していると、阿部教授は「困っている人がいて、それを僕たちなら解決できる。やらないのはおかしい。ダメなら元に戻ればいいじゃないか」と言い放った。

その言葉にショックを受けた。「本当はコンサルである自分がいう立場だった。頭でっかちになっていた」と反省する。秋田CEOにとってアフリカの支援は、人生の原点のようなもの。しかも、アフリカでの課題解決ビジネスはずっと抱いてきたものだ。しかし、気づけばアフリカ進出を否定する側に回っていた。「阿部先生に引っ張られる形で、始めることにした」。

2013年6月、「デジタルグリッドソリューションズ」を起業し、アフリカでのビジネスを始めた。2014年2月には、東大のベンチャーキャピタルの出資を受けた。2017年10月に阿部教授が自身の技術を使った電力事業を展開する「デジタルグリッド」を立ち上げたことで、社名を「WASSHA」に改め、アフリカビジネス一本に絞った。WASSHAは東アフリカで使われるヒワヒリ語で「火を点す」意味だ。「及び腰」で始めた事業は軌道に乗り、キオスク1000店がLEDランタンをレンタルするまでになった。

100点満点のプランはない

最近、使用を停止するロック機能をつけたランタンを開発した。貸し出すときにロックを解除し、15時間後に再びロックがかかる。続けて使いたければモバイルマネーで料金を支払い、携帯電話に発行された解除コードを入力する仕組みだ。

当初のランタンだとユーザーが村にある太陽光パネルで充電できるた

Case 3　WASSHA 株式会社

写真 2-9　充電中のランタン

め、キオスクにランタンが戻ってこなくなった。また、キオスクに充電用の太陽光パネルと鉛電池を置く必要があり、設置や管理にコストがかかっていた。

　ロック機能がある新仕様だとユーザーが充電できるため、コストが半減した。「現地で実際にビジネスをしているから、コストを抑えながら売上高を最大化する方向へ修正ができる。行く前から100点満点のプランなんて作れない」と実感を込めて語る。

数字では分からないニーズの強度

　他にも多くのことに気づかされた。「未電化地域の住民は、電気にお金を払っているわけでない。夜、明かりが灯ったことに価値を感じ、お金を払ってくれる」。

日本にいて未電化地域と聞くと「電気がないから困っている」と一方的に決めがちで、電気を届ける方法ばかりを考えてしまう。秋田CEOは「本当の困りごととは何か。本当に困っているなら、解決のためにお金を払うでしょう。本質的な価値も同じ。価値を感じてくれるものになら、お金を払うはず」と話す。未電化地域の住民は家族だんらん時の明かりや、携帯電話の充電に価値を感じているのだ。

　また「普及率何％未満だから困っているはずだと思っても、現地の人は困っていると感じていないことがある。数字だけでは本当のニーズは分からない。現地にいるとニーズの強度が分かる」という。ニーズが強ければ、お金を払ってもらえるのでビジネスとして成り立つ。

　2018年9月、丸紅に資本参加してもらった。秋田CEOが「社会的課題をビジネスの力で一緒に解決したい」と提案したという。大手商社のリソースと事業ノウハウがあれば、タンザニア以外にもランタンのビジネスを広げられる。他の社会的課題の解決に貢献するビジネスも始められる。

　アフリカでビジネスをする夢は途絶えかけたが再点灯し、軌道に乗った。自分の技術が使われないにもかかわらず「アフリカへ行くんだ」といって引かなかった阿部教授が後押しした。課題解決ビジネスにおいて、技術で説明しきれないニーズをつかむことが成功へとつながる。

SDGs成功ポイント

□顧客の期待に応えることが、社会課題解決型ビジネスの第一歩

　国連は企業に社会課題をビジネスの力で解決するように要請しています。そしてSDGsが達成され、すべての課題が解決されると12兆ドルの経済価値が生まれるとしています。しかし、実際に課題解決型ビジネスを始めるのは簡単ではありません。

　17の目標のうち、**目標1**「貧困をなくそう」、**目標2**「飢餓をゼロに」をはじめ、主に途上国を対象とする目標の達成はハードルが高いです。先進国

と同質のサービスを提供しても、低所得者から先進国と同じ料金はもらえません。コスト回収に時間がかかるため、進出もためらいます。

　秋田CEOが制止したのも分かります。しかし、阿部教授は「困っている人がいて、それを僕たちなら解決できる。やらないのはおかしい」といいました。自身の技術が使われなくても構わないというのです。

　阿部教授に届いたケニアからの電子メールはニーズです。企業であれば顧客からの期待です。その期待に応えられると見込まれたのだから、メールが来たはずです。それはビジネスとして成功する確率が高いことを意味していると思います。

　国内でも顧客から「こんなことできませんか」と、質問されたことありませんか。信頼や期待があるから頼られるのだと思います。秋田CEOは「本当の困りごとなら、解決のためにお金を払う」と語っています。

　自社で解決できなくても、他社を紹介したり、一緒に解決策を考えると連携が生まれます。環境省の「SDGs活用ガイド」でも「連携がイノベーションのポイント」と書かれています。顧客の期待に応えようとすることが、社会課題解決型ビジネスの第一歩だと思います。

Case 4　株式会社イトーキ

オフィスチェアの購入でインドネシアの環境・住民生活に貢献できる仕組みを提供

分類	SDGs 戦略	企業戦略	戦略期間
大企業	商品で貢献	顧客の貢献支援	即効性あり

SDGs 目標　すべて

●本社所在地：東京都中央区日本橋 2-5-1　日本橋髙島屋三井ビルディング　●創業：1890 年
●従業員：1964 人（2017 年 12 月現在）　● URL：https://www.itoki.jp/

　東京・霞が関の合同庁舎 5 号館の 25 階。日比谷公園を見渡せる環境大臣室に"CO_2 排出ゼロ"の椅子がある。イトーキが「カーボン・オフセット」と呼ばれる手法を使って CO_2 ゼロ化したオフィスチェアだ。購入することで温暖化対策に貢献できる。2017 年からはインドネシアの泥炭湿地で暮らす住民の生活も支援できるオフィスチェアを発表した。もちろん一般の企業や団体も購入可能だ。SDGs が知られるようになり、引き合いが増えているという。

生活向上と泥炭湿地保全

　「炭素の貯蔵庫」「泥炭地破壊」「燃える泥炭湿地」「世界的被害」―。
　インターネットの検索サイトで「インドネシア　泥炭湿地」と入力してみると、どうもきな臭く、ネガティブなイメージのタイトルが出てくる。
　「泥炭」とは文字通り「泥のような石炭」。枯れた樹木や葉などが分解されないまま、何年もかけて地表に積み重なってできた。水分を含むため燃えないが、乾燥すると自然発火する。インドネシアには広大な熱帯泥炭地があり、世界の熱帯泥炭地の半分を占めるほどの規模という。
　同国では 1990 年代、開発のため熱帯泥炭地に排水路が掘られて水が抜かれた。さらに天然林の乱伐や農園開発で地表にむき出しとなり、乾燥した泥炭の発火による火災が多発するようになった。
　同国の CO_2 排出量は、泥炭火災に起因するものが多い。泥炭に蓄えら

Case 4　株式会社イトーキ

写真 2-10　泥炭湿地の環境を生かした生計

れていた炭素が燃焼し、CO_2 となって放出されて地球温暖化を助長している。また、火災の煙が周辺国にも流れて健康被害を招く「煙害（ヘイズ）」も深刻だ。

　そこで同国では、「REDD ＋ （プラス）[※17]」という手法を使った泥炭湿地を守るプロジェクトが展開されている。

　「REDD」は、森林を健康な状態に管理するための資金を途上国の住民に提供する仕組み。森林は大気中の CO_2 を吸収し、温暖化の進行を食い止める重要な役割がある。資金援助によって森林の劣化や減少を抑えられれば、CO_2 吸収量を増大できて温暖化対策になる。

　とはいえ、現地の住民にとって森林は貴重な収入源だ。木材として売る以外にも、コーヒー豆やパームヤシのプランテーションを開発するために森を切り開く住民もいる。そこで、森林伐採に代わる生計手段を現地住民に提供するのが REDD ＋だ。REDD（森林保全）にプラスし、経済支援もするので「REDD ＋」と呼ばれる。

Keyword 17　REDD ＋
レッド・プラス。途上国の森林減少や劣化を抑制し、温室効果ガス削減につながる森林吸収量を増大する取り組み。現地住民の生活支援など持続可能な森林管理を支援する。

2010年からインドネシア中部のカリマンタン州・カティンガン地区でREDD＋を使った泥炭湿地林保全・回復プロジェクトが始まった。泥炭地の開発に代わる生活手段を現地住民に提供し、泥炭地の消失によるCO_2排出を防ぐ。

チェア1脚、一生分のCO_2をゼロ化

イトーキはこのプロジェクトに賛同し、2017年から活動の成果で排出が減ったCO_2量を「クレジット」として購入している。クレジットとはCO_2削減の価値を取引可能にしたもの。同社がクレジット購入に支払った資金がプロジェクトの活動資金となり、泥炭湿地保全・回復（＝CO_2の排出抑制）、現地住民の仕事づくりに充てられる。

同社はクレジットを使い、製品のCO_2量を打ち消す「カーボン・オフセット」を実施している。メッシュ素材の背もたれが印象的な「nona（ノナ）チェア」が対象だ。腰を下ろすと思わず伸びをしたくなるほど、背もたれのクッション感が心地よい。

イトーキは部品や材料が作られる時から本体の製造、使い終わるまでの

写真2-11　nonaチェア

nonaチェア1脚の一生分（ライフサイクル全体）のCO_2排出量をクレジットで帳消しにして、"CO_2ゼロチェア"として商品化している。

1脚あたりのCO_2排出量は69.00～82.64 kg。インドネシアのREDD＋プロジェクトから購入したクレジットで、1脚ずつCO_2ゼロにして販売している。

すべての目標に貢献

CSR推進部の岩井伸一部長は「SDGsの17目標すべてに当てはまる」と力説する。泥炭湿地保全（＝CO_2の排出抑制）は**目標13**「気候変動に具体的な対策を」に貢献する。現地には希少動物も多く生息しており、貴重な生態系も保護されるので**目標15**「陸の豊かさも守ろう」につながる。クレジットの購入資金による支援内容は、**目標1**「貧困をなくそう」、**目標4**「質の高い教育をみんなに」、**目標6**「安全な水とトイレを世界中に」、**目標8**「働きがいも　経済成長も」など多岐にわたる。

nonaチェアを購入した企業もSDGsに貢献できる。nonaチェアの販売

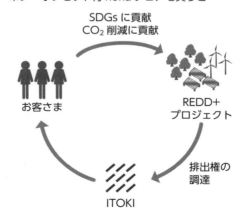

図2-2　nonaチェア購買による環境サイクル

が増えるほど、イトーキはクレジットを多く購入できる。クレジットが売れるほど、現地のプロジェクトに投入される資金が増え、住民支援が充実していく。

日本でSDGsへの関心が高まるとともに「インドネシアの環境や社会に協力したい企業からの引き合いが増えた」(岩井部長) という。

通常、インドネシアの実態を知って何か貢献したいと思っても、すぐにできることは限られる。まして現地拠点がなければ継続的な支援も難しい。nonaチェアの購入なら日本にいながら泥炭湿地保全・回復、生活支援ができる。しかも、SDGsの達成にも貢献できる。

顧客の声がきっかけ

もともとイトーキがカーボン・オフセットを始めたのは2011年にさかのぼる。「環境問題の解決に貢献したいという顧客からの相談がきっかけだった」(商品開発本部の野村佳代さん) という。

同社は企業や行政にデスクやチェアを届けるのが本来の業務。オフィス家具メーカーであるイトーキは、相談を断ることもできた。しかし顧客の声は同社への期待であり、市場ニーズだ。期待に応えることが顧客とのつながりを強固にし、新たな顧客獲得のチャンスにもなる。

環境課題の解決に貢献したいという市場の声に応えるため検討を重ね、チェアによるカーボン・オフセットを考え出した。普段の業務で扱っているチェアなら、負担なく導入できる。営業員も販売を通して顧客の要望に応えられ、信頼を得られる。

クレジットの共同購入を

2011年に開始し、イトーキはこれまでに自社製品のカーボン・オフセットのために累計1万tのCO_2に相当するクレジットを購入した。だが、2017年から支援するカリマンタン州・カティンガン地区の泥炭湿地林保全・回復プロジェクトは年800万tのCO_2排出を防いでいる。つまりク

レジットも800万t分を創出している。乗用車200万台分、火力発電所2基分のCO_2排出量をゼロにできる量だ。

イトーキが購入したクレジットの累計実績は1万tなので、800万tとのギャップは大きい。nonaチェアの販売を増やせる余地は十分にあるが、さすがに800万tとなるとイトーキ1社では限界がある。

そこで「クレジットを共同購入する企業を探している。購入量を増やし、もっと多くの支援をしたい」(岩井部長)と語る。他社もカーボン・オフセットの仕組みを使うことで"CO_2ゼロ"の製品を世の中に提供できる。本業で無理なく途上国の社会課題解決に貢献し、企業価値も高められる。自社の製品購入者にもインドネシアの住民支援に貢献できる機会をつくれる。言い換えると、自社の顧客もSDGsに貢献できる。

SDGsは共同購入者を増やす追い風だ。SDGsは**目標17**「パートナーシップで目標を達成しよう」で、さまざまな主体と連携し、社会に与える好影響を大きくするように求めている。イトーキも、そしてクレジットを共同購入する企業も、SDGsの輪を広げて企業価値を高められる。

SDGs成功ポイント

☐シンプルなメッセージでSDGsを訴求

イトーキは本業で無理なく取り組んでいます。それなのにインドネシアという遠くの国を支援できます。

nonaチェアの購入者も同じです。仕事で必要なオフィスチェアを買うと、インドネシアの温暖化対策、生態系保護、現地住民の生活支援ができます。「商品を買う」という日常の行動でSDGsに貢献しているといえます。

いまは少なくなったかもしれませんが、「SDGsの取り組みを教えてください」と質問すると身構える方がいました。「いや、難しくて」と答えに窮する方も少なくなかったです。しかし「普段の業務がすでにSDGs」ということも多いです。確認してみると「いまの仕事がSDGsにつながっていた」と気

づくはずです。

　身近なことがSDGsだと気づいた後、大事なのはストーリーだと思っています。

　「椅子の購入がSDGsにつながります」

　シンプルですが、ストレートなメッセージがいいと思います。ちなみにイトーキのウェブサイトには「より多くのお客さまにも製品の購入、ご使用を通じてSDGsを知って参加していただけるよう、nonaチェアのカーボン・オフセットプロジェクトを開始しました」と記載されています。

　カーボン・オフセット、REDD＋は環境の専門家の言葉です。チェアの購入を迷っている企業の総務部の方に説明しても、ポカンとされるかもしれません（違っていたら、すみません）。

　SDGsの認知度が高まり、何かしたいと思っている企業が多いいま、「一緒にSDGsに取り組みましょう」が響くのではないでしょうか。もちろんカーボン・オフセット、REDD＋はともにすばらしいスキームなので、こちらも広げたいですね。

Case 5 　パナソニック株式会社

他社からも引き合い。未電化地域の解消で教育、医療、観光、経済にも貢献する電源システム

分類	SDGs戦略	企業戦略	戦略期間
大企業	社会課題への対応	CSR経営強化	継続的取り組み

SDGs目標　3　4　6　7　8　13

- 本社所在地：大阪府門真市大字門真1006番地　●創業：1918年
- 従業員：連結274,143人（2018年3月現在）　● URL：https://www.panasonic.com/jp/home.html

　インドネシア・ジャワ島の北に浮かぶカリムンジャワ島の村で、パナソニックの独立電源システム「パワーサプライステーション」が稼働している。日中、太陽光パネルが発電した電気を学校へ届け、教室の照明や天井扇に使うためだ。

　島は夜間だけディーゼル発電機からの電力供給がある半無電化地域。日中は電気を使えないため、島の学校に満足のいく教育環境が整わなかった。パワーサプライステーションが供給できる電気は3kWほど。日本では単身世帯向けの小さな電源だが、島の学校には十分な能力だ。パソコンやテレビを活用した授業もでき、教育環境が改善できた。

学校だけでなく、医療、観光施設にも電力供給

　パワーサプライステーションの見た目はトラックや貨物列車に載せるコンテナ。頭上にパナソニック製の太陽光パネルが設置され、内部には蓄電池がある。スペックは太陽光パネルが出力3kW、蓄電池が充電容量17kWh。太陽光パネルが発電した電気を蓄電池に充電し、蓄電池から必要な機器に電気を送る。

　カリムンジャワ島の村では授業がない時間、蓄電池にためた電気を近所へ送り、地域で活用している。パワーサプライステーションを運用する組合が売電しているのだ。電気を売って得た収入はパワーサプライステーションの維持・管理費に充てる。

写真 2-12　バンジャルサリ村のパワーサプライステーション

　パワーサプライステーションは 2014 年度、日本政府の無償援助でカリムンジャワ島へ寄贈された[18]。インドネシア国内では他に 3 カ所でも稼働する。いずれも電力インフラが整っていない村だ。

　西ジャワ州のバンジャルサリ村は標高 700m のところにある。電化が進められているが、居住地から離れた地区にあるマラバル公立第四小学校は未電化状態であった。パワーサプライステーションは授業がある時間は校舎へ、授業のない時間帯は周辺地域に電気を送っている。学校は水道供給もないため、子供たちが登校時に水くみをしなければならなかった。パワーサプライステーションの設置と同時に貯水槽とポンプも整備し、子供たちを水くみの重労働からも解放した。

　南スラウェシ州のクラティ村は無電化であるため医師が定着しなかった。2016 年度に設置したパワーサプライステーションは医療施設だけでなく、観光施設にも電力供給を開始。島の医療、観光の環境改善に役立てている。

Keyword 18　日本政府の無償援助

外務省による「草の根・人間の安全保障無償資金協力」。1989 年に「小規模無償」として始まり、1995 年に改称。開発途上国で活躍する NGO などに支援する。企業による CSR 活動との連携など、官民連携を推進。

Case 5　パナソニック株式会社

写真 2-13　パワーサプライステーションは地域の医療、観光にも貢献

維持計画のある村に

　パナソニックは未電化地域ならどこへでも政府の援助により寄贈しているわけではない。同社エコソリューションズ社エナジーシステム事業部の山本雅一主幹は「継続的に使ってもらうことが大事。村や NGO と使い方を話し合っている」と話す。

　使い続けているうちに蓄電池の性能が落ちる。新品と交換できなければ、パワーサプライステーションは使えなくなる。故障も同じだ。村に修理資金がなければ、使われないままになってしまう。放置を防ぐため電気を売って修理費を積み立てるなど、維持に必要な資金計画のめどがついた村に設置している。

　バリ島の東、スンバワ島の村ではヤマハ発動機の浄水システムの動力をパワーサプライステーションの電気で賄っている。住民は衛生的な水を使えるだけでなく、水を容器に入れて村外へ売ることも計画している。水の販売収入をパワーサプライステーションの維持費に充てるためだ。

技術指導で将来の仕事も

　パナソニックは導入時、村人やNGOスタッフに製品の技術指導もする。パワーサプライステーションを修理ができる人を現地で育てるためだ。

　実際に故障が起きても、パナソニックの技術者が現地に駆けつけるまでに数日かかってしまう。現地で対応できれば早く復旧できる。それだけでなく「村に仕事が発生することを期待している」（山本主幹）。パナソニックから指導を受けた住民が電気工事を仕事にできれば収入も得られる。

　山本主幹は「電気があれば教育の質向上、医療、観光、水の確保などいろいろな課題解決につながる」と確信する。技術指導によって経済力の高まりも期待できる。SDGsでいえば**目標7**「エネルギーをみんなに　そしてクリーンに」が出発点となり、**目標4**「質の高い教育をみんなに」、**目標3**「すべての人に健康と福祉を」、**目標6**「安全な水とトイレを世界中に」、**目標8**「働きがいも　経済成長も」などに貢献が広がっていく。

引き合い増える

　いまパワーサプライステーションへの引き合いが増えている。未電化地域の生活向上に貢献したい企業が、パナソニックから購入して寄贈しようと検討しているのだ。

　ミャンマーのマグウェイ地域のインマジャウン村で2016年から稼働するパワーサプライステーションは三井物産が社員の活動をもとに寄付金を拠出し、タイ王国のMFL財団（Mae Fah Luang Foundation under Royal Partronage）が設置した。三井物産はMFL財団の活動に賛同し、CSR活動として寄付した。

　この村には致死性の猛毒を持った毒ヘビが生息している。毒ヘビにかまれても、すぐに血清を打てば命は救われる。だが、この地域には電気が来ていないために、血清を冷蔵保管できなかった。MFL財団のヘルスワーカーが太陽光パネルを使った自作の簡易冷却装置で保冷していたが、故障

も多かった。

　パワーサプライステーションの設置後、街灯がつくようになって夜でもヘビに気づくようになった。村の集会所に冷蔵庫も置かれ、血清を安心して保管できるようになった。

再生エネの利用にも共感

　パワーサプライステーションは再生可能エネルギーで稼働することも評価されている。未電化を解消する手段としてディーゼル発電機の設置が一般的だが、運転には化石燃料が必要。温暖化を招く CO_2 を排出するだけでなく、燃料費もかかる。パワーサプライステーションなら太陽光パネルで電気を作るので燃料は不要で、CO_2 の発生もない。SDGsの**目標13**「気候変動に具体的な対策を」にもつながる。温室効果ガス排出実質ゼロの「脱炭素」を掲げた「パリ協定」（Column4）が2020年からスタートすることもあり、CO_2 を排出しないパワーサプライステーションの評価が高まる。

　未電化地域の住民に貢献したい他社がパワーサプライステーションを購入して寄贈してくれるようになると、パナソニック1社よりも導入ペースが早まる。そうなると未電化地域の解消スピードも上がり、より社会に与える好影響が大きくなる。

　パワーサプライステーションが売れるほど量産効果が出て低コスト化できたり、開発に回せる資金も生まれたりして性能も高められる。

　まだビジネスといえる状況ではないが「社会貢献だけで終わらず、我々の経済価値にしたい」（山本主幹）と語る。そして「『パナソニックが電気を作ってくれた』といってもらえるようになれば、いずれ電化製品を購入するとき、パナソニック製品を選んでくれる」と期待を膨らませる。

　経済・社会・環境のバランスのとれた世界づくりがSDGsの精神だ。継続的に使ってくれる村が増え、さらに購入して寄贈してくる他社も増えるほど、経済・社会・環境のバランスがとれた世界づくりにつながる。同時にパナソニックの企業価値も向上する。

第 2 章　社会に必要とされる事業を考える

SDGs 成功ポイント

□多くの効果を生む寄贈を考えよう

　「2030 年までに、各々の支援プログラムに沿って開発途上国（略）のすべての人々に現代的で持続可能なエネルギーサービスを供給できるよう、インフラ拡大と技術向上を行う」―。SDGs の**目標 7**「エネルギーをみんなにそしてクリーンに」のターゲットの 1 つです。

　ターゲットにパナソニックの活動を当てはめると「支援プログラム」は日本政府の無償援助、「開発途上国」はインドネシアなど、「持続可能なエネルギーサービス」はパワーサプライステーション、「技術向上」は技術指導。SDGs ができる前からの活動でも、ターゲットと一致します。このことに気づいた瞬間、パナソニックに先見性を感じました。

　SDGs のターゲットをじっくりと読むと、自社の活動と当てはまる言葉が見つかるのではないしょうか。17 の目標で当てはめるよりも、一致するターゲットを発見すると自信になります。

　パワーサプライステーションを「購入して自社も途上国へ寄贈したい」という引き合いがパナソニックに来ているそうです。寄贈する側も、SDGs に貢献したいのだと思います。SDGs を体現した商品ですから、購入する側にも訴求効果が大きいです。社会貢献で始めたことがビジネスになろうとしています。

　この活動で注目したいのが、単なる寄贈ではないことです。使い続けてくれる村を選んでいます。故障したまま放置されると「Panasonic」ブランドにも傷つきます。

　それに教育、医療、水、経済など複数の貢献をもたらすので、村も大切にしようと思うはずです。社会貢献だからといって単純にモノをあげるのではなく、効果的な寄贈を考えるとビジネスへの発展が期待できます。

Column 4　パリ協定

　2018年7月23日、東京都青梅市の最高気温が40.8℃を記録した。国連の世界気象機関（WMO）が動画サイトで公開している「2050年の天気予報」の日本版（NHK制作）では、2050年9月の東京の最高気温が40.8℃となっている。動画に登場する国立環境研究所の江守正多氏ら科学者が、地球温暖化の進行した未来を想定した気候に到達してしまった。

　パリ協定は地球温暖化を食い止める国際ルール。SDGsの採択と同じ2015年、190カ国以上が合意してできた。

①産業革命前からの平均気温の上昇を2℃未満に抑え、1.5℃未満に向けて努力する

②今世紀後半に温暖化を招く温室効果ガス（CO_2など）の排出を実質ゼロにする「脱炭素化」

③各国は自国の温室効果ガス削減目標を自由に決めてよいが、厳しい目標にする

この3つがパリ協定の柱だ。

　①は、気温上昇を放置すると極端な気象現象（異常気象）が起きる。すでに1℃上昇した可能性が高く、日本各地で観測史上最高の気温と豪雨を記録している。2018年には西日本で豪雨や台風による甚大な被害が出た。2℃上昇すると、さらに深刻な被害が出ると予想される。

　それでも国際社会は、2℃未満なら最悪の事態を回避できると見込み、パリ協定の目標にした。

　②の達成のハードルは高い。例えば、石炭を燃やしてCO_2を出しても、同じ量のCO_2を大気中から取り除いて実質ゼロにする脱炭素化を求めた。想定していない新しい技術が必要となる。

　③に対する日本の削減目標は2030年度に2013年度比26％減だ。今世紀後半の温室効果ガス排出ゼロが世界目標なので、2030年度以降はさらに厳しい目標が求められる。

Case 6　ユニ・チャーム株式会社

紙おむつリサイクルを開発。
将来リスク「大量廃棄」を回避

分類	SDGs戦略	企業戦略	戦略期間
大企業	地域連携	将来リスクへの対策	将来性あり

SDGs目標　12

- 本店所在地：愛媛県四国中央市金生町下分182番地　● 設立：1961年
- 従業員：グループ合計15,757人（2017年12月現在）　● URL：http://www.unicharm.co.jp/index.html

　使い終わった紙おむつは、どのように処分されているのだろうか。

　オフィスで使用済みとなったコピー用紙、家庭で読み終えた雑誌は古紙として回収され、製紙会社でトイレットペーパーや段ボール原紙などに再生されている。同じ紙製品なのにおむつはリサイクルされず、ほとんどが清掃工場で焼却されている。汚れがあるので、燃やすしか処分方法がないのだ。多くの自治体は家庭の紙おむつを可燃ゴミとして収集している。病院や福祉施設から排出される紙おむつの多くも産業廃棄物として焼却処分されている。

大人紙おむつの増加が自治体の負担に

　近い将来、紙おむつの廃棄が社会問題になるかもしれない。日本は少子化の影響で子ども用おむつの需要は減っていくが、高齢化によって大人用は増加傾向にある。日本衛生材料工業連合会の統計によると2017年の大人用紙おむつの生産量は年78億3600万枚。2010年と比べ1.4倍に増えた。廃棄量も同じペースで増えていると考えられ、家庭ゴミの1割が紙おむつという自治体もある。自治体にとって紙おむつの回収や焼却の負担は大きくなる。

　生ゴミのような水分の多い廃棄物は燃えにくいため、自治体によっては焼却施設では補助燃料を投入して燃やしている。使用済み紙おむつも水分を含むため、補助燃料を使う機会が増えそう。そうなると焼却炉は傷みや

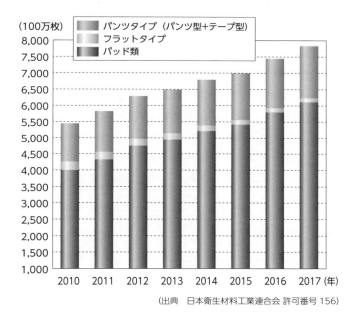

グラフ 2-1　大人用紙おむつのタイプ別生産数量の推移

すくなり、補修や更新時期が早まる。自治体の負担は増すばかりだ。

廃棄物はメーカーの責任

　ユニ・チャームも大人用紙おむつの廃棄増加に危機感を持つ。廃棄物問題では、ゴミを出した排出者だけでなく、つくった側にも責任があるとする「拡大生産者責任」[19]が定着している。ユニ・チャームは紙おむつの生産者（メーカー）であり、同社にも廃棄物処理の責任がおよぶことになる。

　廃棄の増加が社会問題化すると「一度しか使えない製品をつくり続け、自治体に処理負担を押しつけている」と社会から批判されるかもしれない。

Keyword 19　拡大生産者責任
生産者が生産した製品が使われ、廃棄された後でも責任を負うとの考え方。メーカーはリユース（再利用）やリサイクルしやすい製品をつくる必要がある。

また紙おむつの材料は森林資源からできたパルプであり、「森林資源を大量に消費している」と非難され、「環境を破壊している企業」とのレッテルを貼られる恐れもある。

海外では資源効率性の向上[20]が叫ばれ、欧州を中心に「サーキュラー・エコノミー」（Column5）の考え方も広がっている。このサーキュラー・エコノミーは、限られた資源の有効利用に知恵を絞って新しい産業と雇用を生み出そうとする経済戦略だ。製品を長持ちさせたり、廃棄物を資源に戻すことが「社会的価値のある仕事」となる。

海洋汚染の原因となる廃プラスチックゴミ問題も発想は同じ。商品パッケージのフィルム（包装材）、ストロー、マドラー、レジ袋など一度しか使われないプラスチックは化石資源の無駄遣いであり、大切にされることなく簡単に捨てられてしまうので海のゴミになってしまっている。

SDGsでも廃棄物削減に向けた目標が掲げられている。**目標12**は「つくる責任　つかう責任」であり、メーカーに「持続可能な生産・消費の形態を確保する」ように求めている。そしてターゲットには「2030年までに、廃棄物の発生防止、削減、再生利用及び再利用により、廃棄物の発生を大幅に削減する」とはっきりと書かれている。企業は廃棄物の発生防止に努めなければ、SDGsに逆行することになる。

ブランド失墜、ステークホルダーも危惧

ユニ・チャームは2016年度、投資家やNGOとの対話により、同社の企業活動が社会に与える環境マテリアリティ（重要課題）を特定した。すると「廃棄物の増加・リサイクル」は、ステークホルダー（利害関係者）から関心が強く、事業へのインパクトも強いという課題が分かった。対策を怠ると、事業活動に影響をおよぼす。

Keyword 20　資源効率性の向上
2015年のG7エルマウ・サミット（ドイツ）の共同宣言に盛り込まれた。2016年のG7富山環境大臣会合では野心的な行動を求めるなどと記載された「富山物質循環フレームワーク」が採択された。

「廃棄物の増加・リサイクル」には、使用済み紙おむつの大量廃棄問題が含まれる。ステークホルダーも使用済み紙おむつを重要な課題として心配している。ユニ・チャームが大量廃棄を放置すると、一度しか使われない製品をつくっていると社会から否定的な評価を受ける。そうなると信頼は損なわれ、事業活動にも悪影響（インパクト）が出てしまう。法規制を守っていても、社会から批判されて信用を失墜してしまうレピテーションリスク[21]にさらされる。

衛材用パルプに再生

ユニ・チャームも課題として認識しており、解決に向けて動きだしている。2015年、紙おむつのリサイクル技術を開発したのだ。

まず、使用済み紙おむつを洗浄して汚れを取り除き、分離してパルプとフィルム類に分ける。取り出した綿のようなパルプをオゾン殺菌し、排泄物に含まれる菌をゼロまで死滅させる。きれいになったパルプは紙おむつ

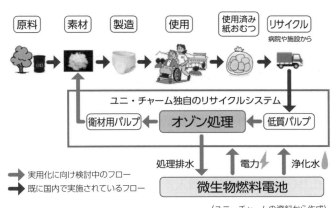

（ユニ・チャームの資料から作成）

図2-3　紙おむつのリサイクルフロー

Keyword 21　レピテーションリスク
否定的な評価や評判、風評が広がり、信用やブランドが失われるリスク。近年、企業は経営にダメージを与えるリスクとして警戒している。

写真 2-14　新品と変わりが見られない再生パルプを使用した紙おむつ（手前）

の材料に繰り返し使える。しかも、殺菌後の再生パルプは衛生的に問題なく、森林資源から作った新品パルプよりも色合いが上質だ。実用化できれば紙おむつの大量廃棄を食い止められ、森林資源も守れる。

志布志市と実証

　ユニ・チャームは 2016 年末、鹿児島県志布志市と協定を結び、紙おむつリサイクルの実証事業を始めた。市内 4 地区の家庭などから使用済み紙おむつを集めて地域のリサイクルセンターへ運び、開発した技術でパルプへ再生する社会的な仕組みや技術を試している。

　実際に取り組んでみると、運用面での課題が見えてきた。もともと志布志市は家庭ゴミを 27 種に分けて回収している。住民は細かい分別に慣れており、紙おむつを分別対象に加えても協力的だった。ただ、紙おむつの回収袋にティッシュペーパーや新聞紙などが混ざっていることがあり、洗浄・分離設備への投入前に取り除く作業が必要となった。

　ユニ・チャーム CSR 本部の宮澤清参与は「住民行動が勉強になった。回収袋に紙おむつ以外を入れないようにお願いする必要があると分かっ

た」と振り返る。

　企業にとって実証で協力してくれる自治体の存在は頼もしい。メーカーがいくら「すばらしい商品を開発した」といっても、実際に使ってくれる人がいないと本当に社会に役立つか分からない。また、使われて初めて気づく課題もある。ユニ・チャームは志布志市との実証でおむつ以外の物が混ざるという課題を発見できた。住民への啓発などで解決策を見いだせれば、全国展開もスムーズにいくはずだ。

　リサイクルセンターで実験機を運転していると、処理時間を大幅に短くできる成果が出た。もともと再生パルプは、新品よりも低価格になると想定していた。志布志市が実証の場を提供してくれたおかげで、処理時間の短縮によって低コストでパルプ再生できる確信を得た。

自治体の負担軽減

　新品パルプよりも安ければ、ユニ・チャームも再生パルプを材料として買い取れる。再生パルプを使った紙おむつの価格が抑えられ、消費者にも負担をかけずに済む。リサイクル品だからといって特別に高い負担を支払わずに、経済原理の中で資源循環の仕組みを根付かせられる。

　紙おむつリサイクルは地域社会にも貢献でき、紙おむつの廃棄量が減るので自治体は回収や焼却の負担を抑えられるという好循環を生む。

　特に志布志市にとっては、紙おむつは切実な問題でもある。廃棄物の焼却施設を持たないため、回収した廃棄物は埋め立て処分をしている。そのため廃棄物を27種に細かく分別し、リサイクルに回せるモノは回し、埋め立て処分する廃棄物を徹底的に減らしている。もし、燃やすことができない大人用紙おむつの廃棄が増え続けると、埋め立て処分場が満杯になる時期は早まり、廃棄物処分に困ってしまう。このため志布志市にとって紙おむつリサイクルは、埋め立て処分場を延命する可能性を秘めた取り組みだ。

地域経済にも貢献

　地域経済への効果が期待できる。地元のリサイクル業者にとって紙おむつのリサイクルは新しい仕事となり、再生パルプをユニ・チャームなどへ販売して収入を得られる。地域で発生した廃棄物を資源に変え、地域に利益をもたらす。まさに「サーキュラー・エコノミー」だ。

　もちろん環境保全にもなる。パルプを繰り返し使えば、森林資源の使用を抑えられる。パルプ製造に投入するエネルギー消費も削減でき、CO_2 排出も抑制できる。宮澤参与は「関係者みんながハッピーになる」と話す。

微生物燃料電池の開発

　環境対策はそれだけにとどまらない。使用済み紙おむつを洗浄・分離後、パルプを取り出して残ったフィルム類などの樹脂は押し固めると固形燃料にできる。石炭などに代わる燃料として使えば、化石資源の使用削減にもつながる。

　さらに2017年、紙おむつの洗浄で発生した汚れた廃水を「微生物燃料電池」に投入し、エネルギーに変える技術を確立した。

　微生物が廃水中の有機物（汚れ）を分解した時に発生した電子を回収し、電気として取り出す仕組みだ。発電した電気を分離装置やオゾン殺菌の一部に使えば、紙おむつリサイクルのエネルギー消費を減らせる。また微生物が有機物を分解してくれるので、廃水も浄化できる。微生物燃料電池の技術開発は広島大学との成果だ。

　使用済み紙おむつリサイクルだけでなく、微生物燃料電池という新しい技術とも融合した。紙おむつの大量廃棄を将来のリスクと放置せず、解決しようと取り組みを始めたことで技術革新が続々と起きようとしている。

調達する原料すべてを認証水準の材料に

　ユニ・チャームは、「廃棄物の増加・リサイクル」を環境マテリアリティに特定し、リスクの顕在化に備えて紙おむつリサイクルの実用化に取り組む。もうひとつ「持続可能な原料調達」も事業に影響を与えるマテリアリティに特定している。

　ユニ・チャームの主力製品である紙おむつや生理用品の材料は紙パルプ。乱伐で森林がなくなると材料を調達できなくなり、製品を生産できなくなる。森林破壊で原住民が生活の場を奪われている地域もあり、人権問題にもなっている。違法に伐採した森林資源を購入する企業が人権侵害に加担していると批判される事態も起きており、「持続可能な原料調達」に取り組まないとユニ・チャームにはリスクとなる。

　そこで同社は2020年には調達する紙パルプ全量を、適切に管理された森林資源であることを示す「FSC」など、持続可能性を示す第三者認証を受けた資源にする高い目標を掲げている。現在は約90％が認証原料となった。CSR本部の藤野俊輔さんは「NGOなどステークホルダーの意見を聞きながら進める」とあくまで100％を目指す。

　ユニ・チャームはSDGsが採択される前から「持続可能な原料調達」に取り組んできた。SDGsができたことで、活動に拍車がかかっている。藤野さんは「事業の視点だけでは気づかない社会課題がSDGsから見えてくる。SDGsを通した事業展開が、当社が実現を目指す『共生社会』につながる」と強調する。

SDGs 成功ポイント

□ SDGsをリスクチェックにも活用せよ

　「SDGsはビジネスチャンスだ」と認識されたため、多くの企業に受け入れられました。確かに17目標と169ターゲットを読むと、将来のマーケット

を予測できます。

　忘れがちかもしれませんが、「リスクのチェックリスト」としてのSDGsの活用も求められています。ユニ・チャームは紙おむつの大量廃棄が将来のリスクになると察知し、リサイクル技術の開発や実用化に向けた実証を始めました。

　目標12以外にも、**目標15**「陸の豊かさも守ろう」のターゲットにも「2020年までに（中略）森林減少を阻止し、劣化した森林を回復し、世界全体で新規植林及び再植林を大幅に増加させる」とあり、「2020年まで」と期限を区切って森林減少を食い止めると書かれています。紙おむつの大量生産・大量消費はこの目標にも逆行するので、リスクです。

　紙おむつに限った話ではありません。「たくさん売れてよかった」と満足していると、寿命を終えた商品が大量に廃棄されたとき、「リサイクルできない商品をつくったメーカー」と批判され、ダメージを受けるかもしれません。自社製品がリサイクルされているのか、再利用されやすい設計になっているのか、念のため確認する必要があります。

　そして、リスクとチャンスは表裏一体です。将来のリスクを認識し、先回りして手を打つと新しい技術が手に入るチャンスとなることも、ユニ・チャームの取り組みで分かります。SDGsをチェックリストとして活用し、リスクの発見、早期の対策、ビジネスチャンスの獲得へと、上手に展開したいです。

Column 5　サーキュラー・エコノミー

　サーキュラー・エコノミーは日本語で「循環（型）経済」と訳す。日本人からすると「循環社会」が馴染んでいるはずだ。「経済」か「社会」かの違いだけでなく、資源循環の捉え方でも日本と欧州では違いがある。

　日本では資源循環といえばリサイクルを思い浮かべる。そのリサイクルは多少コストがかかっても、やらないといけないことだと思われている。また、資源循環は環境政策だ。

　しかし、欧州のサーキュラー・エコノミーは経済政策であり、「資源を繰り返し使って価値を生み出そう」という発想だ。資源循環がビジネスとして成り立てば、経済にも、環境にも好影響を与える。

　欧州連合（EU）が2015年12月に発表した「サーキュラー・エコノミー政策パッケージ」には一般廃棄物の65％をリサイクルし、埋め立て処分を10％まで縮小するといった環境目標がある。加えて「200万人の雇用と6000億ユーロの経済価値の創出を目指す」と、経済効果もしっかりと書き込まれている。

　しかもEUの考えるサーキュラー・エコノミーは守備範囲も広い。1つの製品を何人かで共同所有するシェアリングも含む。カーシェアが代表的だ。週末にしか運転されない自動車に使われた資源はもったいない。カーシェアによって多くの人に使われると、自動車に使った資源も有効利用される。

　修理業もサーキュラー・エコノミーに入る。修理やメンテナスによって製品が長持ちするほど、資源が大事に使われたことになるからだ。

　大手コンサルティング会社のアクセンチュアは、サーキュラー・エコノミーの実践で2030年までに全世界で4兆5000億ドルの経済効果が生まれる試算する。

Case 7　セイコーエプソン株式会社

TOP Interview ｜ 碓井　稔　代表取締役社長

SDGsがプリンター業界の
ビジネスモデルを変える"チカラ"となる

分類	SDGs 戦略	企業戦略	戦略期間
大企業	世の中にない製品の開発	イノベーションの促進	即効性・将来性

SDGs 目標 ｜ 9

- 本社所在地：長野県諏訪市大和 3-3-5　●創立：1942 年
- 従業員：12,825 人（2018 年 9 月現在）　● URL：https://www.epson.jp/

　セイコーエプソンの碓井稔社長は、独創の技術開発にこだわり続ける経営方針と SDGs は親和性が高いと語る。SDGs があるから市場縮小もチャンスだと自信を持って語り、自社のビジネスモデルも否定する。SDGs からどのようなチカラをもらっているのか、碓井社長に聞いた。

――碓井社長が SDGs を知ったのはいつですか。

　2016 年だったと記憶しています。CSR 推進室のメンバーから「SDGs をしっかりとやっていきたい」という話がありました。

　そもそもは取引先の監査がきっかけでした。エプソンの工場へ監査にやってくる取引先が労働環境に関心を持つようになっていました。従業員を低賃金で長時間働かせているような「強制労働」「人権侵害」に該当する行為はないか気にしています。

　もちろんエプソンではそのようなことはありません。ただし、これは重要なことだと感じました。人権への配慮も取引条件に入ったといえるからです。

　これまでは QCD（品質、コスト、納期）を求められていました。いま、良い職場かどうかも問われており、サステナビリティへの意識の高い海外企業ほど、しっかりとした会社とだけ取引しようとしています。法令違反

はなくても、従業員の人権侵害や地域社会とのトラブルがあると取引停止になるかもしれません。まさに経営リスクです。

そこでCSRを強化しようと、2016年10月にCSR推進室を新設しました。社会からの要請を的確に知り、社会正義に背いていると疑われないように徹底するためです。その推進室のメンバーが、SDGsが大事だと教えてくれました。

豊かさと幸せを実感できる社会の中心を担う

——SDGsをどのように受け止めましたか。

企業は利益だけを追求したらいいとは思っていません。企業は社会の重要な構成員です。それなのに「自分たちだけもうければいい」ではどうでしょうか。

SDGsは経済、社会、環境が調和し、すべての人が豊かで満たされた生活を享受できる世界像を掲げており、共感できます。

エプソンは技術開発をベースにしている会社であり、私たちにとって「何のために技術開発をするのか」が重要です。ただ単に新しいモノを生み出せばよいのか。そうではない。技術はよりよい社会を実現するためにあるのです。

私たちは、人々が創造性を発揮でき、今よりも人々が豊かで幸せを感じて暮らせる社会をつくる中心的な役割を担っていきたいです。そのために自分たちの頭で考え、新しい価値をつくり出す技術開発にこだわっています。

2017年4月、経営理念に『なくてはならない会社でありたい』を加えました。「自分たちだけもうければいい」とはまるで違います。将来にわたって信頼され、社会の発展に「なくてはならない会社」を目指します。

```
経営理念

お客様を大切に、地球を友に、
個性を尊重し、総合力を発揮して
世界の人々に信頼され、社会とともに発展する
開かれた、なくてはならない会社でありたい。
そして社員が自信を持ち、
常に創造し挑戦していることを誇りとしたい。

EXCEED YOUR VISION

私たちエプソン社員は、
常に自らの常識やビジョンを超えて挑戦し、
お客様に驚きや感動をもたらす
成果を生み出します。
```

図2-4　エプソンの経営理念

　もともと経営理念はSDGsの考え方とリンクしていたので、SDGsは理解しやすかったんです。

世の中にないモノを

──碓井社長は「競合に勝つことが技術開発の目的ではない」と発言されています。店頭に並んでいる商品よりも1cm薄く、1g軽くできて技術者は満足しても、お客さまは喜ばない。それよりも、もっと感動してもらえる商品をつくろうと話されていました。

　利益追求だけだと競合商品に勝とうという発想になりがちです。我々の本質的な目的は違うのです。

　お客さまが感動し、豊かさや幸せを感じる商品をつくろうと考えると、必然的に違うアプローチとなり、既存商品が競争相手ではなくなります。新しい価値創造が目標ですから、他社とは異なることをやります。世の中にないモノほど手に取ったお客さまは感動し、価値を認めてくれるはずです。

　SDGsは技術開発によってイノベーションを起こしてほしいと呼びかけ

ています。これはエプソンの事業活動にフィットします。SDGsから"チカラ"をもらえます。

カートリッジ依存のビジネスモデルは社会のためなのか

——企業のSDGsへの取り組みとして「アウトサイド・イン・アプローチ」の手法があります。既存商品との比較ではなく、価値創造を起点としたモノづくりはアウトサイド・イン・アプローチとも合致します。

　プリンター業界は消耗品であるカートリッジ（インクの容器）の販売に依存したビジネスモデルを続けてきました。お客さまがプリンターを使い続ける限りインクの補給は必要であり、カートリッジを購入していただけます。

　ただし、このビジネスモデルはこれからの社会のためになるのでしょうか。我々メーカーにとってカートリッジ販売が安定した収益源であることは確かです。カートリッジのリサイクルシステムをつくっていますが、廃棄される製品も多数あります。

　それにカートリッジの値段が高いためにお客さまにプリンターの使用をためらわせてしまうのは、いかがなものでしょうか。カートリッジの購入費を抑えようと、プリントを控えますよね。せっかくプリンターを買っていただいたのだから思う存分、使ってもらうのが本質的です。プリンターは印刷するための機械なんですから。

　エプソンはカートリッジに依存したビジネスモデルを変革しようと孤軍奮闘、努力しています。お客さまのストレスを取り払う新しいビジネスを創造したい。この志向はビジネスの"チカラ"での課題解決を求めるSDGsと一致しています。

　大容量インクタンクを搭載したプリンターを2010年にインドネシアで売り出しました。インク交換が少なく、カートリッジの廃棄が大幅に減ります。交換の煩わしさもなく、1枚当たりのプリントコストも安いです。2018年度は世界で920万台の販売見込みです。

　また日本では2014年、本体、インク、保守サービスを定額料金で利用できる「エプソンのスマートチャージ」も始めました。採用いただいたお客さまには、プリントにかかわるコスト低減を実感いただいています。

オフィスで再生紙生産

――どちらも2016年1月にSDGsがスタートする前から始めたビジネスです。

　もともと我々は、社会に貢献するイノベーションを考えて活動しており、SDGsと同じ考え方を持っていました。だからSDGsに違和感はなかったですし、企業のあるべき姿をいってもらえたと思っています。

――オフィスにいながら使用済み用紙から再生紙を生産できる「PaperLab（ペーパーラボ）」[※22]も課題から生まれたまったく新しい商品です。

　オフィス用紙も使い過ぎると森林資源を無駄遣いした罪悪感、後ろめたさを感じさせてしまいます。だからオフィスでは裏紙（印刷していない裏面）も使い、使い終わればきっちりと分別して古紙回収に出しています。紙の使用に対するネガティブなイメージを払拭しようという思いが、PaperLab開発の原点であり、プリンターメーカーとしての使命だと思っています。オフィスで紙を繰り返し使えれば罪悪感は薄まります。

　開発発表は2015年なので、SDGsの前から研究していました。やはり課題認識からイノベーションが生まれました。既存商品をマネしていたら「水を使わずに紙をつくる」という製紙の常識を変える発想は思いつかず、新しい技術を手に入れられませんでした。

　「なくてはならない会社」になろうと考えたら、どういう行動をとるべ

Keyword 22　PaperLab
使用済み用紙を繊維レベルまで分解し、再結合して新たな紙をつくり出す乾式オフィス製紙機。投入後3分で紙をつくれる。水をほとんど使わない新しい製紙技術を採用。紙や水資源の負荷低減だけでなく、文書情報を完全に抹消できるので情報漏えいも防げる。24台を販売（2018年12月末時点）。

きか。社会が求めていることをしっかりと認識し、自分たちが力を発揮し、困っている方たちの期待に応える領域に焦点を絞ることです。

自信を持って経営を推進

――技術開発には時間がかかります。すぐに成果がでなくても将来の課題解決につながると信じる長期視点が開発を支えます。

「他社がやっていないことをやってどうするんだ」「すぐに何百台・何千台と売れないモノをつくってどうするのか」という意見もあります。

そうではなく、企業は長期的に何をすべきか問い続けることが必要なはずです。国連が2030年の目標を設定したことに意味があり、企業も自信を持って長期視点で経営を進めることができます。

SDGsが共通言語として広がれば、投資家とも「SDGs」という同じテーブルに着いて対話ができます。短期利益だけを追求し、足元の業績に一喜一憂していては世の中はよくなりません。ステークホルダーみんなで、長期でモノごとを考えたいですね。

もともとエプソンには長期ビジョンがありました。SDGsができたことで自信を深めました。長期ビジョンを抱き、自信を持って前に進むサポートになっています。

かといって甘えてはいけません。短期でも成果を出さないと、我々の長期ビジョンを信用してもらえません。短期的な成長がなければSDGsへのゴールへも近づけません。長期視点を持ちながら短期をマネージメントする目標設定の指針がSDGsです。

SDGsは、みんなで同じ軸で対話をしようというメッセージだとも思っています。SDGsは国連のビジョンなので説得力があります。自分たちの活動がSDGsとひも付くのであれば、発信した方が良いです。「自分たちはやっているからいいんだ」と遠慮するのではなく、発信して大きな支持を集めていく活動が必要でしょう。世界中の人がSDGsに向けて動いています。我々も同じ方向に動いているといった方が、自分たちの活動を理解

第 2 章　社会に必要とされる事業を考える

してもらえます。

市場縮小はチャンス

——社内に SDGs を広げる取り組みは。

　エプソンの取り組みと SDGs の 17 目標、169 のターゲットとひも付けをしました。その結果、主体的に取り組む 13 の目標を選定し、具体的な行動を起こしてチャレンジしていくと表明しました。「SDGs への貢献に向けてのコミットメント」も宣言しました。統合報告書にも記載し、我々のビジョン「Epson 25」で掲げる 4 つのイノベーションを通して SDGs の実現に貢献する決意や考え方を紹介しています。

——デジタル化によって情報の電子化が進み、印刷需要が減っています。プリンター市場の縮小は経営リスクではありませんか。

　チャンスです。課題が明確となっているからです。その課題解決は技術開発のヒントであり、ブレークスルーのチャンスです。

　我々が選択したインクジェット技術[※23]は産業インフラを劇的に変える

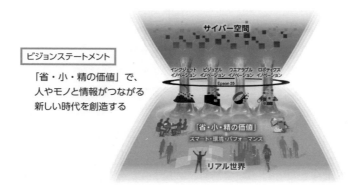

図 2-5　長期ビジョン「Epson 25」

Keyword 23　インクジェット技術
プリンターの印刷方式。微量のインク粒子を飛ばして用紙に点を描き、文字や図形を描く。エプソンのピエゾ方式は電圧制御でインクを吐出するので高精度に印刷できる。熱も加えず省エネ。

ポテンシャルがあります。印刷のデジタル化は、インクジェット化といっても過言ではありません。しかもインクジェットは生産性がよく、消費電力が少なくて環境負荷が少ない。そして人々の創造性を高めてくれます。

自分たちで使うことで、自信をもつ

――経営理念やSDGsに合致した活動を形骸化させないためにどうしますか。

　自分たちで発信することです。

　いま、自分たちで使えるエプソン製品は、自分たちで使っています。もともとインクジェットは家庭用プリンターから製品化し、オフィス複合機や商業・産業分野にもラインアップを広げてきました。インクジェットは低消費電力で環境負荷が少ないといってきました。自ら使うことで技術者だけでなく、すべての従業員が自信を持って社外に伝えられます。Paper-Labも社内で活用しています。

　SDGsの取り組みも、外へ向けて発信するために自分たちの体験がないといけません。確信を持って伝えられないからです。

　エプソンしかできないことを追求し、体験し、発信することで「なくてはならない会社」を目指します。ヒトマネだけしていたら、エプソンがなくなっても誰も困りません。よりよい社会の実現への貢献を通じ、「なくてはならない会社」を目指します。

SDGs成功ポイント

□経営理念との確認を。考えていたことをSDGsがいってくれる

　碓井社長はエプソンの経営理念がSDGsと一致すると分かり、勇気をもらいました。以前、ある経営者も「SDGsの取材というから、初めてSDGsを読んだ。自分が考えていたことが書いてあった」と素直に感想を語っていました。おそらく自身の経営思想がSDGsに書かれていると気づいた方も多い

のではないでしょうか。

　SDGsへの取り組みだからといって、すぐに新しいことを始める必要はありません。まずは経営理念や経営方針がSDGsに当てはまるのか、確認してみてはどうでしょうか。

　SDGsの理念が書かれた「持続可能な開発のための2030アジェンダ」には「我々は、すべての人間が豊かで満たされた生活を享受することができること、また、経済的、社会的及び技術的な進歩が自然との調和のうちに生じることを確保することを決意する」とあります。碓井社長が語っていたエプソンの技術開発の目的と一致します。

　少し前までプリンターメーカーの技術者のこだわりは「画像がきれい」だったと感じています。ただ、前モデルよりも高精細になっても、肉眼で差が分からないと消費者には良さが伝わりません。技術者は満足しても、消費者は豊かさも幸せも実感できません。

　ビジネスモデルにもいえます。下請け企業に厳しい要求をして自社だけ儲けていたら、いざ何かあった時、下請け企業は助けてくれるでしょうか。

　それにしても碓井社長の信念の固さを感じました。プリンター市場の縮小が経営リスクかと聞くと、「チャンスだ」と即答したのが印象的でした。自身の経営を実践しているから、自信があるのだと思いました。

Case 8　楽天株式会社

地域課題解決を目指し創業。
大企業になっても継続する取り組み

分類	SDGs 戦略	企業戦略	戦略期間
大企業	地域創生	新たな事業パートナー獲得	継続的取り組み

SDGs 目標 ｜ 4　10　11　17

- 本社所在地：東京都世田谷区玉川 1-14-1　楽天クリムゾンハウス　● 設立：1997 年
- 従業員：連結 17,150 人（2018 年 9 月現在）　● URL：https://corp.rakuten.co.jp/

「私たちは、この時間を、待ち続けていました！」
　聴衆の顔がステージへと向き、視線が発表者にくぎ付けとなった。次の言葉までの一瞬の間、どんな話が展開されるのか、ぐっと期待が高まった。
　うますぎる「つかみ」を繰り出したのは広島県立尾道商業高校（尾道市）の生徒だ。学ラン姿の男子生徒の顔は照れながらも、自信に満ちていた。

出前授業の限界

　楽天は 2018 年、高校生が自分たちの暮らす地域の課題に向き合い、楽天社員と一緒に解決策を考えるプログラム「Rakuten IT School NEXT」

写真 2-15　高校生による発表風景（愛知県立南陽高校）

を始めた。2018年12月8日土曜日、クリスマス飾りでにぎわう東京・二子玉川にある楽天本社に全国から10校、総勢62人の高校生が集まり、8月から取り組んできた成果の発表会を開いた。

楽天は2008年から社員が高校生に電子商取引（EC）を教える「楽天IT学校」を続けてきた。若者の都市部への流出が地方の課題となっている中、インターネットで商品を売るECスキルを身に付けてもらい、少しでも地元に残る若者を増やして地域活性化に貢献しようと始めたのだ。卒業後に地元で就職する機会が多い商業高校に対象を絞り、2017年までに全国245校、約7000人の高校生が受講した。

しかし、「出前授業」形式では先生役の社員から生徒へ教えるだけの一方通行となりがちで、高校生が本当に満足しているのか分かりづらい。サステナビリティ推進部の眞々部貴之マネージャーは「若者の働く場がないことが地域の悩みごとなのか、ECについて教えるだけでいいのか」という不安も感じていた。授業の時しか社員と学校との接点がなく、楽天から地域へできる貢献にも限界があった。

高校生と社員が同じ目線

そこで、「楽天IT学校」をリニューアルし、「Rakuten IT School NEXT」を始めた。楽天社員が高校生と同じテーブルに座り、同じ目線で課題や解決策を話し合う。これで楽天から高校生の一方通行は解消される。

成果発表会のあいさつで楽天の小林正忠・常務執行役員CPO[※24]も「大人たちだけが（地域を）元気にするのでない。高校生とともに元気にしたい。教える、教わるの関係ではなく、大人と高校生が一緒に地域課題の解決策を考えたい」と新プロジェクトの狙いを語った。

初開催の2018年は8月3〜5日、北は岩手県立水沢商業高校、南は熊本県立熊本商業高校までの10校を会場にワークショップを開いた。参加

Keyword 24　Chief People Officer（チーフ・ピープル・オフィサー）
従業員の満足度向上、定着率の最大化の役割を持つ取締役。楽天では社内外の人を幸せにする役割を受け持つ。

Case 8　楽天株式会社

写真 2-16　ワークショップでは楽天社員と高校生は対等な関係（和歌山県立和歌山商業高校）

　生徒は全10校で137人。各校で3〜4チームを結成して活動した。楽天社員45人も4〜5人に分かれ、10校の各チームと3日間活動をともにした。
　社員は募集に自ら手を挙げて参加し、事前に3日間のファシリテーター研修を受けてのぞんだ。ワークショップ初日、高校生と社員の混成チームは「マシュマロチャレンジ[25]」を体験し、メンバーの協力、コミュニケーション、戦略などの重要性を確認。そして解決策を考える枠組みを学び、地域住民へのインタビュー計画を話し合った。

真の課題に到達

　ワークショップ2日目はインタビュー。市民、NPO、行政職員などに質問し、生の声を聞き取るうち、想定した課題が本当の課題ではないと気づくこともあった。出前授業では見えてこなかった「真の課題」に到達できた。

Keyword 25　マシュマロチャレンジ
日本マシュマロチャレンジ協会のウェブサイトによればパスタ、テープ、ひも、マシュマロを使って自立可能なタワーをつくるゲーム。共通目標に対してメンバーが協力して挑み、役割分担、コミュニケーション、戦略、PDCA、イノベーションを学べる。

耕作放棄地を議論した広島県立油木高校（神石高原町）のチームは「若者の農業離れ」が課題と思っていたが、インタビューを重ねると放棄地の草刈りにかかる費用が住民の悩みと分かった。そこでチームは草刈りを条件に参加できる「耕作放棄地キャンプフェス」を考えた。お金をかけずに草刈りができ、若者が農業に興味を持つきっかけにもしようという一石二鳥のアイデアだ。

どのチームもインタビュー後、浮き彫りとなった本当の課題と向き合い、楽天の技術・サービスを使った解決策を練る。最終日の3日目、各チームは解決策の素案を模造紙に書いてまとめ、各高校で発表した。

高校生と社員に関係性

濃密なワークショップが終わった後はブラッシュアップ期間。おぼろげだったアイデアを形にしていき、実現に向けて弱かった部分の補強、トライ＆エラーを繰り返し、課題解決プランに磨きをかけた。楽天社員45人もテレビ会議などを使い、高校生とともに悩み、試行錯誤した。

眞々部マネージャーは「参加した社員にも気軽に相談の連絡が来るような関係性を作れた」と語る。高校生と楽天社員は4カ月間、接点を保ち続けた。

こうして東京・楽天本社での成果発表会を迎えた。

尾道商業高校は観光で尾道へ訪れる訪日外国人が増えているが、滞在時間は短く、尾道でお金が使われない課題解決に挑んだ。実際に外国人へインタビューすると、インターネットの情報をきっかけに尾道を知るケースが多いと判明。

チームが導き出した課題解決策は、外国人向けの観光案内ウェブサイトだった。尾道で見たいのは「街並み」か「自然」など、目的や好みによる選択肢を用意し、選んでもらうと最終的にお薦めの観光ルートを提案する。外国人の滞在時間を長くし、尾道で使ってくれるお金を増やす作戦だ。活用する楽天のサービスは、訪日外国人向け観光体験予約サイト「Voyagin」

と「楽天トラベル」。高校生は「訪日外国人の助けになる。他の地方都市でも使え、地方創生になる」と解決策の効果を訴えた。

地域を身近に

　岐阜県立飛騨神岡高校（飛騨市）のチームは「過疎先進地の魅力発信」というテーマを設定し、「高齢の店主がお店の情報を発信できない」という課題に行き着いた。成果発表会では必要最低限の機能に絞ったスマートフォン「ひだホン」のアイデアを披露した。楽天の無料通話・メッセージアプリ「Viber」を活用し、「どやな」（飛騨弁）と話しかけると操作が始まり、簡単に情報発信ができるようにする。「高齢者が頑張っている場所として話題となり、訪れる人が増える」と確信を持ってプレゼンをした。

　全校の発表が終わりトップ賞「IT School NEXT 大賞」に静岡県立富岳館高校（富士宮市）のチームが選ばれた。富士宮産の農作物を広めようと、楽天の農業サービス「Rakuten Ragri」を活用。高校生が野菜を育て、情報を発信しながら地域農業の課題を解決するプランを考えた。

　小林CPOは「高校生が自分たちで率先して地域のことを考えてくれた

写真2-17　トップ賞を受賞した静岡県立富岳館高校

ことがうれしい」と誇らしげに語った。暮らしている住民が地域課題を認識しているとは限らない。また、漠然と「過疎」「高齢化」が課題と決めつけていると本当の課題を見逃し、適切な解決策を打ち出せなくなる。

楽天から飛騨市役所に出向中の舩坂香菜子マネージャーは「高校生から『地域を身近に感じた』といわれた」とワークショップの3日間を振り返る。高校生にとって自分たちの住む街を知る機会になったはずだ。

"他人ごと"から"自分ごと"へ

小林CPOは「"他人ごと"から"自分ごと"へと課題をとらえることができた」とも手応えを語る。参加校は公立の商業高校が多く、卒業後は地元で働く機会が多い。住み続ける地域の困りごとを自分の課題として意識するだけでなく、解決策を自分たちで考える行動力も身についたはずだ。

"自分ごと化"は楽天社員にもいえる。プログラムを担当したソーシャルイノベーションチームの崎村奏子アシスタントマネージャーは「社員の気づきにもなった」と語る。社員は高校生と話をするうち、楽天の技術・サービスの思いもよらなかった使われ方に気づかされ、自分たちの仕事が社会に役立つと再確認できたからだ。「楽天には70以上のサービスがある。多様な人材も含め地域で使えるアセット（資産）は豊富なはずだ」（眞々部マネージャー）と語る。

「楽天IT学校」は2008年から継続して成果を上げてきたが、楽天からの提供はECスキルに限られていた。3日間とはいえ社員が地域に入り込み、高校生と活動する中で地域で使える技術・サービスが多いことに気づいた。そして、新しいビジネスのアイデアにもなったはずだ。

真の課題を解決できる技術・サービスなら地域に受け入れられ、楽天にとっては利益になる。収益となれば継続して技術・サービスを提供でき、息の長い地域貢献ができる。「真の課題」の探求は、楽天のビジネスにもプラスとなる。

シャッター街の問題を解決しようと起業

楽天は全国30の自治体と包括連携協定を結ぶ（2018年12月末時点）。2017年、役員、社員、インターネット通信サイト「楽天市場」の出店者などに聞き取り、マテリアリティ（重要課題）の1つに「地域コミュニティーを持続可能に」を特定した。

なぜ、楽天にとって地域が重要なのか。それは起業のきっかけが地域課題の解決だったからだ。楽天地域創生事業の塩沢友孝シニアマネージャーは「楽天市場は1997年の開設時から地方創生そのもの」と強調する。

祖業事業である「楽天市場」はインターネットで商品・サービスを取引するECサイト。地方の商店の商圏は限られ、人口減少が進むと業績は先細りする。それが楽天市場に出店すると商圏が全国へと広がり、売り上げを増やせる。全国に広がるシャッター街の問題を解決しようと、楽天の創業者で会長兼社長である三木谷浩史氏が1997年、従業員6人、サーバー1台、13店舗で立ち上げた。いまは4万7007店舗（2018年12月末時点）が楽天市場に出店している。

消費者にとっての楽天市場の価値は、現地に行かなくても商品を購入できること。しかも地域の商品の特徴が伝わり、ネット上であっても楽しく買い物ができる。

地方が衰退すると魅力的な商品を扱う地方店舗が減ってしまい、「楽天市場」も活気を失う。地方の疲弊は楽天の経営基盤を揺るがす重要課題なのだ。地方に活力があるほど楽天市場も魅力的な商品をそろえ、消費者からも支持される。

地域創生が企業戦略につながる

楽天は2012～2017年、佐賀県とネット販売のアドバイザー業務契約を結び、「楽天市場」に出店する県内の店舗経営者の集会を開いていた。ネット上の"仮想商店街"にいる店主にあえて現実世界で集まってもらうのは、

第2章　社会に必要とされる事業を考える

写真 2-18　電子マネー付き「飛騨ファンクラブ会員証」カード

優秀な店主から商売のコツを聞き出すため。ネット販売成功のノウハウが共有されて他店の販売も伸びると、県には税収になる。

飛騨市とは電子マネー「楽天 Edy」を軸に協力する。市の出身者や飛騨と縁のある人に電子マネー付き「飛騨ファンクラブ会員証」カードを発行する。そのカードによる購入金額の一部が市へ寄付される。東京に住む会員でも普段の買い物で飛騨を応援できる仕組みだ。「楽天市場」や「楽天 Edy」といったアセットがすでに地方創生で活用されている。

地方創生は楽天にとって SDGs 達成への貢献でもある。**目標 10**「人や国の不平等をなくそう」にはターゲット「全ての人々の能力強化」(抜粋)、**目標 11**「住み続けられるまちづくりを」にはターゲット「都市部、都市周辺部及び農村部間の良好なつながりを支援する」(抜粋) がある。

「Rakuten IT School NEXT」は**目標 4**「質の高い教育をみんなに」に当たり、地域との取り組み全般は**目標 17**「パートナーシップで目標を達成しよう」に該当する。

地域の支援は楽天の重要課題であり、SDGs の達成にもつながる。楽天にとって本業を通して社会課題を解決できる分野だ。

目標12「つくる責任　つかう責任」にも貢献

　2018年11月末、楽天市場に環境や社会に配慮した商品を扱う新サイト「EARTH MALL（アースモール）with Rakuten」が立ち上がった。

　「FSC」「MSC[※26]」「ASC[※27]」など、生態系や社会を守りながら調達したことを示す国際認証を取得した商品を販売する。オープン時点で7000点以上をそろえた。

　EARTH MALLは認証ラベル付き商品を身近にしてくれる。認証ラベル取得商品を買いたくても、扱う売り場が近所になく、簡単に買えない消費者が少なくなかった。インターネット通販のEARTH MALLならお目当ての認証ラベル付き商品が見つけやすくなり、購入しやすい。

　消費者は、ラベル付き商品の購入でSDGs目標12「つくる責任　つかう責任」に貢献できる。ラベル付き商品が売れるほど、生産者も環境や社会に配慮した商品をつくるので目標12達成に取り組める。楽天も本業の楽天市場を活用し、買う側と売る側を結びつけて目標12に貢献できる。

日本を元気に！

　ラベルがなくても有識者が「サステナブル」と認めた商品も販売する。編集部が取材し、なぜサステナブルなのかを記事にして紹介する。地域資源を素材とした商品を扱う地方の店舗は価値を認めてもらい、新たなお客さんを獲得できるチャンスだ。

　もともとは、SDGsを推進する連携組織「OPEN 2030 PROJECT」が「未来を変える買い物を。」をスローガンにEARTH MALLの企画をスタートし、身近な買い物が持続可能な社会につながることを啓発する動画を制

Keyword 26　MSC認証
MSC（Marine Stewardship Council、海洋管理協議会）の認証。乱獲せずに水産資源を守って漁獲したことを示す。「海のエコラベル」と呼ばれる。

Keyword 27　ASC認証
ASC（Aquaculture Stewardship Council、水産養殖管理協議会）の認証。海洋汚染を防いだ養殖による漁獲などを認証する。

作していた。実際に購入する場が新サイト EARTH MALL だ。EARTH MALL は PROJECT 代表の慶應義塾大学大学院の蟹江憲史教授をアドバイザーに迎え、博報堂も協力する。

　楽天は経営のミッションに「イノベーションを通じて、人々と社会をエンパワーメントする」を掲げ、創業時から「日本を元気に！」という思いを社員が共有してきた。その思いは SDGs によって研ぎ澄まされている。サッカーや野球、金融、電力、携帯電話へと事業領域は広がるが、視点は常に地域へ向けられている。巨大インターネットサービス企業となった楽天が創業の思いをもって本業で SDGs へ取り組むほど、日本の地方に活力が生まれる。

SDGs 成功ポイント

□ストーリーで発信を。企業イメージ向上に効果

　「Rakuten IT School NEXT」は、本業での SDGs への取り組みです。地域貢献という明確な目標があります。楽天市場の創設にかけた思いが伝わり、違和感のない取り組みだと感じました。

　取材をしての感想ですが、誰に貢献したのか、はっきりしているのはいいと思いました。漠然と「SDGs に貢献します」では「そうですか」となってしまいます。もちろん自社しか得しない SDGs はありません。

　楽天の狙いは地域（地方）への貢献です。最初の取材の際、「なぜ、楽天が地方創生？」と疑問でした。また「楽天社員が3日間も地方に滞在して高校生とワークショップってどうして」と不思議でした。その理由が楽天創業にルーツがあると聞き、納得しました。そして楽天のミッションを知るきっかけにもなりました。

　SDGs の活動を始めたら、誰かに伝えたいですよね。できればストーリーとして説明したいです。本業を SDGs の17目標で整理してアイコンを付けたなら、「これは」という事業についてはストーリーを練ってみたらどうでしょ

う。社外に自社の役割、経営方針を知ってもらえる機会です。環境省「SDGs活用ガイド」で紹介した「企業イメージの向上」の効果が増すと思います。

　成果発表会の最後、小林CPOは「大人だけが正解を知っている時代は終わった」と語っていました。一連の活動を取材し、最後に聞いた言葉だったので響きました。地域の企業も、地元の高校生と何か取り組めるような予感がしました。

Case 9　長野県×関東経済産業局

地域ぐるみで
中小企業の SDGs 支援

分類	SDGs 戦略	企業戦略	戦略期間
行政機関	地域での信頼・つながり	地域価値の強化	継続的取り組み

SDGs 目標 ｜ すべて

◉県庁所在地：長野県長野市大字南長野字幅下 692-2
◉ URL：https://www.pref.nagano.lg.jp/

　2018 年 5 月 25 日、長野市は薄い雲から日差しが注ぐ天候だった。気温は 30 ℃に達したが、汗ばむほどではなかった。心地よいので、長野駅から県庁まで 20 分ほどかけて歩いた。

　同日午後、県庁の会議室に長野県の阿部守一知事、地域の経済団体の首脳、金融機関や大学の関係者がそろい、地元メディアも詰めていた。県と経済産業省関東経済産業局による「地域 SDGs コンソーシアム[※28]（以下、地域コンソーシアム）」のキックオフ会合だ。

　冒頭、阿部知事は「社会、環境の課題と経済とのリンクが極めて重要となる。さまざまな課題解決で産業の活性化を図りたい」と期待を語った。

「中小企業の稼ぐ力」向上

　関東経産局は 2018 年度、地域コンソーシアム事業を試行的に立ち上げた。第一号が長野県だ。キックオフ会合で関東経産局の後藤収局長は「地域全体で SDGs に取り組むことで、中小企業の稼ぐ力、地域活性化につながる」と説明した。地域コンソーシアムの狙いがまさに、中小企業の稼ぐ力の向上だ。SDGs を活用して地域産業の活性化、地方創生への波及を目指す。

Keyword 28　**長野県と経済産業省関東経済産業局の SDGs コンソーシアム**
正式名称は NAGANO × KANTO 地域 SDGs コンソーシアム。参画メンバーは長野県、関東経済産業局、慶応義塾大学大学院・蟹江憲史教授、クレアン・水上武彦氏、長野県立大学、八十二銀行、長野銀行、長野県信用組合、長野県信用金庫協会、長野県経営者協会、長野県中小企業団体中央会、長野県商工会連合会、長野県商工会議所連合会、ジェトロ長野。

Case 9　長野県×関東経済産業局

写真 2-19　長野県と関東経済産業局の連携による「地域SDGsコンソーシアム」のキックオフ会合

　大企業は課題解決が市場獲得につながると理解し、SDGs達成への貢献を宣言している。
　一方、中小企業の動きは大企業に比べると鈍い。中小企業も社会や環境の課題に目を向けることで新規事業を思いつける。既存の技術・ノウハウでも課題解決に役立つことがあり、新しい市場に打って出るチャンスがあるはずだ。
　関東経産局は中小企業を訪問し、SDGsに取り組む課題を聞き取った。すると「短期的なメリットが見えづらく自発的に取り組むインセンティブが明確でないため、(SDGsへの対応が)浸透しづらい構造になっている」と障壁が見えてきた。

経営メリット直結へ。トランスレーター必要

　中小企業の生の声から、社会課題と中小企業のビジネスを結びつける機能が必要と分析。その機能を関東経産局は「トランスレーター(翻訳者)」と呼び、自治体などに担ってもらおうと地域コンソーシアムを着想した。
　地域コンソーシアムはトランスレーターとなる自治体、地域金融機関、

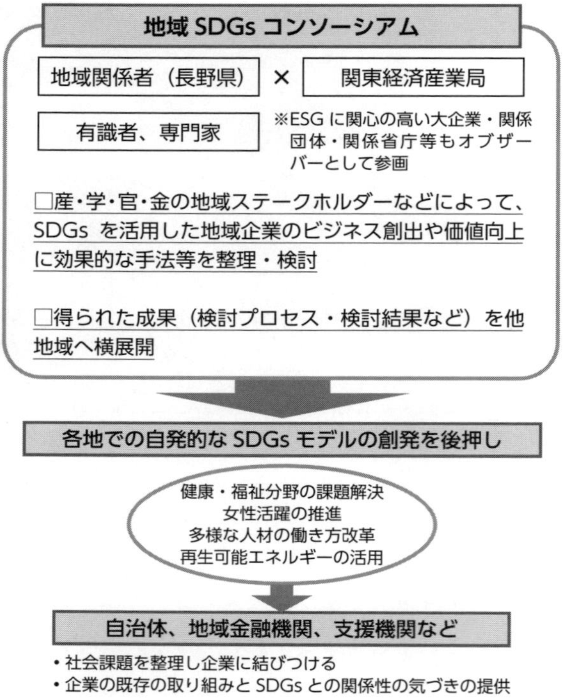

第2章 社会に必要とされる事業を考える

```
┌─────────────────────────────────────────┐
│         地域 SDGs コンソーシアム           │
│  ┌──────────────┐   ┌──────────────┐   │
│  │地域関係者(長野県)│ × │ 関東経済産業局 │   │
│  └──────────────┘   └──────────────┘   │
│  ┌──────────────┐  ※ESGに関心の高い大企業・関係│
│  │ 有識者、専門家  │  団体・関係省庁等もオブザー │
│  └──────────────┘  バーとして参画          │
│                                           │
│  □産・学・官・金の地域ステークホルダーなどによって、│
│   SDGsを活用した地域企業のビジネス創出や価値向上│
│   に効果的な手法等を整理・検討              │
│                                           │
│  □得られた成果(検討プロセス・検討結果など)を他 │
│   地域へ横展開                            │
└─────────────────────────────────────────┘
                    ↓
    ┌─────────────────────────────────┐
    │ 各地での自発的な SDGs モデルの創発を後押し │
    └─────────────────────────────────┘
                    ↓
            健康・福祉分野の課題解決
              女性活躍の推進
             多様な人材の働き方改革
             再生可能エネルギーの活用
                    ↓
    ┌─────────────────────────────────┐
    │   自治体、地域金融機関、支援機関など     │
    └─────────────────────────────────┘
     ・社会課題を整理し企業に結びつける
     ・企業の既存の取り組みと SDGs との関係性の気づきの提供
```

図 2-6　地域 SDGs コンソーシアムの概要

支援機関などが構成員となり、SDGs を活用したビジネス創出や競争力強化の支援手法を立案する。

　例えば、自治体などが SDGs と企業経営の関係性を整理し、具体的に示す。「何から始めたらいいのかわからない」という中小企業の道標だ。地域内外のメンバーも加わり、意欲的な企業同士のネットワーク化、課題共有の場、金融などの支援策を提供し、SDGs に取り組む地域企業へのインセンティブもつくる。

　中小企業に課題解決型ビジネスに参入しやすく、SDGs に踏み出せる環境を地域ぐるみで整えてくれるのが、地域コンソーシアムだ。

課題解決が利益となれば中小企業の経営メリットと直結する。地域課題を解決する事業なら地元から必要とされる。取引先が海外移転すると経営基盤が揺らぐことはあるが、地域に根ざした事業なら外部環境に左右されなくなり、経営は安定する。

　自治体にもメリットが期待できる。地域の中小企業に課題解決の担い手になってもらえ、住民サービスを向上できる。ボランティアとは違い、利益を得られるなら企業も息長く地域に貢献してくれるはずだ。

得になる仕組み、成長のヒント

　関東経産局と長野県の地域コンソーシアムのキックオフ会合で講演した慶應義塾大学の蟹江憲史教授は「SDGsに取り組むと得する仕組みになっている。成長・イノベーションのヒントが入っている」と説明した。長野県商工会連合会の柏木昭憲会長は「SDGsについてしっかりと聞いたのは初めて。商工会は幅広い仕事をしている。会員とSDGsについて話す機会を設けたい」と意欲を見せた。

　地域経産局と自治体、地元の経済界や金融が連携したSDGsの取り組みは国内初だ。関東経産局は1年かけて知見を蓄積しながら地域コンソーシアムのモデルをつくり、他地域にも横展開する。

SDGs未来都市、長野県

　日本初の地域SDGsコンソーシアムの活動を始めた長野県は2018年6月、内閣府から「SDGs未来都市」に選ばれた。全国では29の自治体、そのうち都道府県では北海道、神奈川県、広島県も選定された。

　2018年11月27日、長野県としてのSDGsの取り組みの取材も兼ね、再び県庁を訪ねた。東京からの新幹線を降りた瞬間から空気の澄み具合が違う。透明で、つき抜けるような青空だった。それほど寒くない気温も心地よく、この日も歩いて県庁まで向かった。

　取材に協力いただいたのは長野県の企画振興部総合政策課　課長補佐兼

第 2 章 社会に必要とされる事業を考える

No.	都市	No.	都市
1	北海道	16	静岡県静岡市
2	北海道札幌市	17	静岡県浜松市
3	北海道ニセコ町	18	愛知県豊田市
4	北海道下川町	19	三重県志摩市
5	宮城県東松島市	20	大阪府堺市
6	秋田県仙北市	21	奈良県十津川村
7	山形県飯豊町	22	岡山県岡山市
8	茨城県つくば市	23	岡山県真庭市
9	神奈川県	24	広島県
10	神奈川県横浜市	25	山口県宇部市
11	神奈川県鎌倉市	26	徳島県上勝町
12	富山県富山市	27	福岡県北九州市
13	石川県珠洲市	28	長崎県壱岐市
14	石川県白山市	29	熊本県小国町
15	長野県		※都道府県・市区町村コード順

表 2-1 「SDGs 未来都市」選定都市一覧

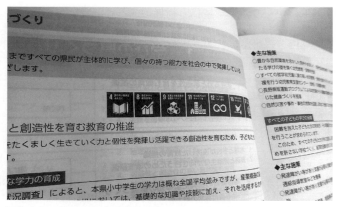

写真 2-20 「しあわせ信州創造プラン 2.0 長野県総合 5 か年計画」には
アイコンが掲載され、SDGs の理解を促す

Case 9　長野県×関東経済産業局

地方創生・計画係長の酒井裕司さん、産業労働部産業政策課課長補佐兼企画経理係長の西川裕さん、同課企画経理係担当係長の白鳥亘さんの3名。

酒井さんから『しあわせ信州創造プラン2.0　長野県総合5か年計画』(以下、5か年計画、2018年3月14日決定)を手渡された。

ページをめくって第4編の「総合的に展開する重点政策」に入ると、各政策に関連するSDGsのアイコンが一緒に掲載されている。

県の重点政策とアイコン

例えば基本方針「1 学びの県づくり」の重点政策「生きる力と創造性を育む教育の推進」には、SDGsの**目標4**「質の高い教育をみんなに」だけでなく、**目標8**「働きがいも　経済成長も」、**目標9**「産業と技術革新の基盤をつくろう」、**目標11**「住み続けられるまちづくりを」など、合計7つのアイコンがある。これを見るだけで、経済成長にも、地域づくりにも貢献する教育を目指していると伝わってくる。

第5編の「地域計画」になると佐久、上田、諏訪などの県内の地域別の重点政策とアイコンが一緒に並ぶ。ここでもアイコンによって地域ごとに力を入れているポイントとSDGsのゴールとの関係が分かる。

巻末の資料にはSDGsの17の目標と重点政策・地域重点政策の関係が整理された一覧もある。普段の取材で見慣れた企業の統合報告書のようだが、アイコンの多さがまったく違う。行政の事業は広範囲におよぶのでアイコンの数も多い。それだけ行政はSDGsとの接点が多いとあらためて感じた。

SDGsの考えをビルトイン

酒井さんは「5か年計画にSDGsの考えをビルトインした」と語る。ただし、これまでの5か年計画から継続的に取り組んでいる政策も多く、SDGsに合わせてリニューアルしたのではない。

新5か年計画の基本目標「確かな暮らしが営まれる美しい信州」も前回

の5か年計画から継承したが、SDGsの考え方である「誰一人取り残さない」と呼応している。また今回、未来志向の計画にする意思を込めて「〜学びと自治の力で拓く新時代〜」を加えた。この未来志向もSDGsとベクトルが一致する。

　SDGsの根底にあるのは、2030年の将来像を考えて行動すること。酒井さんは「いまがよければいいではなく、持続可能性が大事。5か年計画といっても2022年度で終わりではなく、おおむね2030年の将来像を実現する5か年の行動計画にする必要がある」と語る。地域は5年、10年、20年と続いていく。5か年計画に継続性がなくて5年ごとの細切れでは、持続的な行政サービスは提供できない。県民も不安になるはずだ。将来像を展望した計画が求められるのは、地域も、地球規模の目標であるSDGsも一緒だ。

知事の思い

　もともとは阿部知事の意向で、総合計画にSDGsをビルトインすることになった。酒井さんたちは「SDGsは世界潮流であり、達成に貢献したいという知事の思いがあったはずだ」と理解する。

　知事の思いを受け、2016年から職員はSDGsを念頭に5か年計画の策定に取りかかった。作業に当たった酒井さんは「SDGsは経済、社会、環境の3側面の課題を統合的に解決しようといっている。我々の政策も3側面で捉え直せる。行政の仕事はどうしても縦割りになりがちだが、SDGsは部局を超えて政策を考え、進める視点を与えてくれた」と振り返る。

　そういっても特別な取り組みを始める必要性もない。今の政策を経済・社会・環境の3側面から見ると「日ごろの取り組みが広がりを持つことが期待できる」（酒井さん）。

　地域経済に貢献する政策が、社会づくりにも役立つことがある。環境保全が経済活動の支援にもつながることも多い。庁内でも自分の部の仕事が他部局に関連しているケースがある。経済・社会・環境の3方向から政策

を見つめると、自分の部署だけで考えるより効果的な活動が期待できる。

目に触れるアイコン、浸透のきっかけ

　課題はSDGsの浸透だ。政策をつくる側、つまり県の職員の意識を高めるのが1つの課題だ。そしてもうひとつ、県民に理解してもらうことは必要不可欠である。

　職員は業務で5か年計画の冊子を手に取る場面がある。自分の職場が関係する政策のページを開けば、必ずアイコンが目に留まるのでSDGsを意識する機会があり、日常業務で浸透していく。

　白鳥さんは「カードゲームでSDGsを勉強する催しが庁舎であった。勤務時間外だったが、いろいろな部局から有志が集まった」と教えてくれた。早速、SDGsに興味をもつ職員が増えた。

　県民への浸透はこれからだが、5か年計画を読んで「あのマーク（アイコン）は何ですか」と問い合わせがあったという。SDGsを知らなくてもアイコンが気になるのだろう。アイコンを多用した効果が出ているようだ。「アイコンが目に触れる機会が多いほど、SDGsを知ってもらうきっかけも増える。まずはアイコンに興味を持ってもらい、次に中身を知ってもらい、そして"自分ごと"にしていって欲しい」（酒井さん）。

学びと自治

　新5か年計画の基本目標「確かな暮らしが営まれる美しい信州」の「〜学びと自治の力で拓く新時代〜」も、地域課題の"自分ごと"を意識している。

　ここでの「学び」は、教えられて知識を習得するような受動的な教育ではない。自らを高めるための自主的、能動的な学びだ。自ら学ぶことで課題に気づき、課題を地域で共有し、自ら解決策を考える力が養われれば「自治」につながる。行政も課題解決策を提供するが、すべてのニーズに応えられるとは限らない。必ず限界はある。県民自ら課題を解決する自治が根

づけば、地域の活性化につながる。

　この考え方は、関東経産局と立ち上げた地域SDGsコンソーシアムにも通じる。地域企業に課題解決を担ってもらえれば企業には利益となり、行政は効率化する。県民の心配事、困りごとも減るはずだ。

　関東経産局から打診を受け「県の基本目標とベクトルが同じ」（西川さん）と、地域コンソーシアムに取り組むことにした。

地域企業が楽しく取り組める支援スキームを

　キックオフ会合から1カ月半、7月13日に第1回のステークホルダーミーティングを開き"中小企業の稼ぐ力"向上に向けた議論を本格化した。

　経済団体・金融機関からは「中小企業にはSDGsが浸透しているとはいえない状況」「SDGsに取り組む必要性を分かりやすく整理することが重要」という指摘が出た。同時に「（社会課題を中小企業のビジネスと結びつける）トランスレーターであるコンソーシアム参加者がSDGsを理解し、地域に浸透させる必要がある」という課題も浮き彫りとなった。

　他には「企業の取り組みの評価指標」「社会性と経済利益性を同時に確保できる支援のあり方」を求める声も出た。慶應義塾大学の蟹江教授は「義務的なアプローチではなく、地域企業が楽しく取り組める支援スキームを構築したい」と述べた。

　第2回は9月6日に開催。Case1で紹介した大川印刷の大川哲郎社長が、地域中小企業がSDGsに取り組む意義を講演し、参加者は社会課題解決がビジネスに結びつくことをあらためて感じ取った。

　第3回は11月2日に開催しCase7で紹介した地元企業のセイコーエプソンの三原彰CSR室部長がSDGsの取り組みについて講演した。

　ここまでの議論を踏まえ、事務局から県内企業のSDGsをサポートする新たな地域制度の骨子が提案された。

SDGsにコミット

　その提案によると「地域SDGs推進企業応援制度（仮称）」を創設する。未来志向・社会課題解決起点での企業経営を促し、ESG（環境・社会・企業統治）の重要性の気づきの場を提供する狙いがある。

　地域企業が制度を活用する要件は2つ。1つは、SDGsのターゲット達成に取り組むコミットをし、2030年に向けた挑戦的な取り組み、自社の目標となる指標、進捗測定方法を設定する。2つ目は、SDGsの視点から市場から期待されている事項を順守する。例えばエネルギー使用の削減、健康経営など、社会が企業に要請している事項をチェックリスト化し、取り組みを確認できるようにする。応援して欲しい地域企業は、2つの要件を文面にまとめる。

　西川さんは「コミットがあることで取引先とのコミュニケーションになる」と応援制度の役割の1つに期待する。大企業ではSDGsへの意識が高まっており、取引先にもSDGsへの取り組みを求めてくる可能性がある。地域企業が新制度を活用するとSDGsを意識していることの証となり、大企業へのアピールになる。

埋もれていた価値を高めるチェックリスト

　応援制度のもうひとつの役割が「チェックリスト」だ。社会要請のうち、取り組んでいなかった事項に気づけば、取り組むきっかけにできる。「埋もれていた価値を高めることになる」（西川さん）と期待する。

　グローバル企業になるほど、環境や社会に配慮するように社会から厳しい監視の目を向けられる。最近の傾向として取引先の管理も求められており、環境や社会に配慮しない取引先をサプライチェーンから排除するように迫られている。その要請事項のほとんどがSDGsに共通している。

　中小企業が応援制度をきっかけにSDGs視点の社会要請をチェックし、不足した取り組みを補えば大手企業も安心して取引を継続できる。中小企

業にとってはSDGsの活用で企業価値を向上でき、経営メリットに結びつく。

ブランド価値向上、人材採用にも

　西川さんはもうひとつ、リクルートでの効果を期待する。

　地域コンソーシアムには地元の長野県立大学もメンバーとなっており、大学から学生へSDGsが周知される。SDGsを理解した学生はSDGsに取り組む企業に関心を持ち、就職先を選ぶ基準とするだろう。その時、新制度でSDGsにコミットした地元企業も、学生の選択肢に入るはずだ。「SDGsがブランド価値となって人が集まる。地元企業に人が集まれば、県外への人口流出も防げる」（西川さん）。

　地元に人材が残れば、地域の活力になる。企業も優秀な人材の確保によって地域課題解決ビジネスに進出できる。他の地域にも展開できるイノベーションが生まれれば、地域経済に新陳代謝を起こす。

　関東経産局が、長野県で提案した「地域SDGs推進企業応援制度（仮称）」を核にした支援モデルを各地域の実情に合わせながらローカライズしやすいようにとりまとめ、他の地域への展開を目指す。

　SDGsへの取り組みは、これまでの産業政策と違って即効性を期待しにくい。しかし取引の継続や人材確保など、企業価値を高める具体策を示してくれる。

　地域が一丸となって中小企業を応援する地域SDGsコンソーシアム。全国初の取り組みは、成果の輪郭が見え始めた。

SDGs成功ポイント

□中小企業にはSDGsを始める「きっかけ」を

　長野県が5か年計画をまとめた冊子にアイコンを掲げた効果を聞き、企業でも毎日の業務で必ず目にする資料にアイコンがあると、社員にSDGsが認

知されやすいと感じました。

　SDGsを理解してもらうと次の効果として、他部署との連携が期待できます。例えば、役所の産業課の資料に**目標3**「すべての人に健康と福祉を」、**目標15**「陸の豊かさも守ろう」のアイコンがあったとします。産業課の仕事だけど福祉課（**目標3**）、環境課（**目標15**）の業務とも関係があるんだと気づきます。1つの産業振興策であっても福祉や環境保全にも役立つなら、他部署とも相談した方がより効果的な政策になるのではないでしょうか。企業にも同じケースがありそうです。

　長野県と関東経産局による「地域SDGsコンソーシアム」も、他地域で参考になる成果が出ました。コンソーシアムは中小企業にもSDGsに取り組んでもらおうと「地域SDGs推進企業応援制度（仮称）」を考えました。SDGsにコミットして目標を決め、チェックリストを確認するといった手順を踏むと中小企業もSDGsを理解し、取り組みを始められる仕組みです。

　Case10で紹介する滋賀銀行も、「SDGs賛同書」の提出を条件とした商品をつくり、取引先がSDGsを理解するきっかけをつくりました。

　中小企業にとってSDGsの優先順位は低いかもしれません。応援制度や賛同書のような「きっかけ」を地域が準備すると、中小企業のSDGsの取り組みがスタートしそうです。

Column 6　中小企業のSDGs認知度

　SDGsを知っている中小企業が15.8％にとどまることが、関東経済産業局の調査で分かった。

　関東経産局は日本立地センターとともに2018年10月上旬、管内11都県の中小500社にインターネット形式でSDGsの認知度を調査した。所在地は東京都、神奈川、埼玉県の順に多く、業種別の内訳では製造業15％、サービス業26％だった。

　「SDGsをまったく知らない」が421社（84・2％）に達した。大企業が参加するグローバル・コンパクト・ネットワーク・ジャパンの2017年の会員調査では、社内の認知度が「わからない」の回答が7％となっており、企業規模による認知度の差が浮き彫りとなった。

　中小企業にSDGsを理解してもらった上で印象をたずねると「自社には関係ない」の回答が36％を占めた。「何から取り組んでいいかわからない」という手順の問題や、資金や人的資源の不足を課題と感じている中小企業が目立った。本来、SDGsの取り組みに費用負担はないが、誤解があるようだ。

　SDGs推進の後押しとなる支援策を聞くと「お墨付き、認定」「補助金」「直接金融支援」を求める声が多かった。

　現段階でSDGsへの理解度や取り組む意欲は高くはないようだが、「本業を通じて社会課題解決に取り組み、企業の稼ぐ力の向上も実現することが重要」と答える中小企業が80％に達した。高水準の回答だったことから、中小企業も理解するきっかけがあればSDGsに取り組める可能性が高いと言えそうだ。

Case 10　株式会社滋賀銀行

県内全域への
発信力とけん引する力を併せもつ

分類	SDGs戦略	企業戦略	戦略期間
金融機関	経営理念強化	新たな取引先獲得	継続的取り組み

SDGs目標 ｜ すべて

◉本店所在地：滋賀県大津市浜町1-38　◉設立：1933年
◉従業員：2,086人（2018年9月現在）　◉URL：https://www.shigagin.com

　2017年11月22日、滋賀銀行の高橋祥二郎取締役頭取は記者会見を開き、「しがぎんSDGs宣言」を発表した。全国に64行ある地方銀行でSDGsへの賛同を表明したのは同行が初だ。
　滋賀銀はSDGsに賛同するだけではなく、本業を通して持続可能な地域社会づくりに貢献する。高橋頭取は「SDGsを広く周知するとともに、取

「しがぎんSDGs宣言」

"しがぎん"は、CSR憲章（経営理念）に掲げる「共存共栄」の精神のもと、国連が提唱する持続可能な開発目標（SDGs）を私たちの企業行動につなげ、地域の社会的課題解決と経済成長の両立をはかり、持続可能な社会の実現に努めてまいります。

2017.11.22
取締役頭取　高橋　祥二郎

重点項目（ターゲット2030）

○ **地域経済の創造**
金融の力を通じて、社会的課題の解決とイノベーションの促進による新たなビジネスモデルを創出するとともに、地域の魅力を育み、人と街が成長する豊かな地域経済を創造します。

○ **地球環境の持続性**
「環境経営」を主軸としたCSR経営を追求し、地球温暖化防止や生物多様性保全など、持続可能な社会の実現に努めます。

○ **多様な人材の育成**
働き方改革とダイバーシティの推進により、すべての人々にとって生きがい・働きがいのある職場環境をつくり、もって個性と能力が存分に発揮できる持続可能な人材育成に努めます。

図2-7　「しがぎんSDGs宣言」

第2章　社会に必要とされる事業を考える

写真 2-21　記者会見での高橋祥二郎頭取

り組む企業を応援し、社会的課題解決と経済成長を両立させたい」と決意を表明。SDGs に関連した商品・サービスを展開し、社会課題解決につながる事業をサポートする考えを明らかにした。

全国初、SDGs の金融商品

　早速 2018 年 3 月、国内の金融機関で初となる SDGs 融資商品「ニュービジネスサポート資金（SDGs プラン）」の取り扱いを始めた。9 月には「SDGs 私募債」も開始した。

　SDGs 融資商品「ニュービジネスサポート資金（SDGs プラン）」は、社会課題の解決につながる事業に取り組む企業に対し、所定金利から最大 0.3％優遇した利率を適用する。企業は金利負担が減るので、資金に余裕を持って事業に取り組める。

　第一号として同年 3 月、水質浄化事業を展開するウイルステージ（滋賀県草津市）に融資した。

　ウイルステージはアオコや藻類の発生で水が濁り、子どもたちが安心して水辺で遊べなくなる課題を解決しようと水質浄化の研究に着手。自然界

の浄化作用をヒントに、アオコや藻類の発生を抑える独自の浄化方法を開発した。10円硬貨に描かれた宇治平等院鳳凰堂の「阿字池」のアオコ繁殖を抑え、池の水質を大きく改善した実績を持つ。

ウイルステージはSDGsプランで融資を受けた資金を、東京の皇居外苑濠（日比谷濠）の水質浄化実証プロジェクトに使う。ウイルステージの事業はSDGsの**目標6**「安全な水とトイレを世界中に」に貢献する。その事業に融資した滋賀銀も**目標6**の達成に貢献できる。

社会課題解決型ビジネスを応援

中小企業になるほど、社会課題解決型ビジネスに踏み出せない。利益に結びつくまで時間がかかるケースが多いからだ。また、収益にならない新規事業や研究開発を抱えておく資金的な余裕もない。浄化後の水質データなど実績を要求される新規事業だと、実証設備の製作にも資金が必要だ。このため融資を受けられ、金利でも優遇される「SDGsプラン」は、社会課題解決型ビジネスに進出したい中小企業の背中を押してくれる。

もともと滋賀銀は、新分野進出に必要な資金をサポートする「ニュービジネスサポート資金（通称・野の花資金）」を運用し、累計229件、45億円超の融資を実行してきた（2018年3月末）。この中に「SDGsプラン」を新設した。企業が新しい分野への進出を検討するとき、「SDGsプラン」があるおかげで「社会課題解決」分野も進出先の候補に入る。また、当初から社会課題解決への思いを抱いていた企業にとって「SDGsプラン」は、新分野進出の援軍となる。

SDGs賛同書

金融商品の第2弾となる「SDGs私募債『つながり』」は、滋賀銀に「SDGs賛同書」を提出した企業が私募債を発行する。発行額の0.2％相当の資金を滋賀銀が拠出し、学校や特定公益増進法人に物品の寄贈や活動資金を寄付するというもの。

企業は発行によって地域社会に貢献ができ、滋賀銀は資金ニーズを発掘できる。また寄贈品が地元で購入されると、地域経済の活性化にもつながる。

 SDGs私募債は、発行企業にSDGsを知ってもらう機会にもなる。賛同書の提出によって発行企業もSDGsに関心を持ち、取り組みが始まるからだ。資金が流れるスタート点をSDGsにすると、受け手の企業がSDGsを認知するようになる。

 SDGs私募債は、2014年に始めた「CSR私募債『つながり』」をリニューアルしたもの。滋賀銀のCSR私募債は近畿の地銀では初めての取り組みで、2018年7月までに発行額324億円、学校や特定公益増進法人への贈呈額5029万円、贈呈先が310校となっている。

起業塾にSDGs賞

「しがぎんSDGs宣言」後、金融商品以外でもSDGsの普及に取り組む。

 滋賀銀は地域金融機関として次世代ビジネスの創造を支援しようと、2000年から「サタデー起業塾」を開催している。産学官金連携で「野の

写真2-22 「しがぎんエコビジネスマッチングフェア」では各社のブースに、それぞれが取り組んでいるSDGsのアイコンを掲示

花応援団」を組織するほか、コンサルティング業のリバネスやゼロワンブースターと連携し、「しがぎん野の花賞」エントリー企業のビジネスプランのブラッシュアップなどを支援している。

　2018年は「SDGsでつながるビジネス」をメインテーマとし、5月から2019年2月23日まで5回、土曜日に開く。最終回では受講生の優れた取り組みを表彰する「しがぎん野の花賞」を授与する。県内の上場8社が協賛する「協賛企業賞」に加え、社会課題を解決するビジネスを表彰する「SDGs賞」も贈呈する。

　毎年1回開いている環境に特化した展示商談会「しがぎんエコビジネスマッチングフェア」でもSDGsの発信を強化した。2018年7月11日に開催した商談会では出展企業ブースに、該当するSDGsの目標別のアイコンを掲示した。1309人が来場し、700件を超える商談があり、SDGsの認知度向上につながったはずだ。

　100人以上いる支店長はすべてスーツの襟元にSDGsバッジを装着、名刺の裏面にはSDGsのロゴを印刷している。総合企画部CSR室調査役の山本卓也さんによると「支店長はすべてSDGsを説明できる」という徹底ぶりだ。

変化に無関係はリスク

　滋賀銀は金融商品・サービスによる「お金の流れ」によって、地域企業に社会課題解決型ビジネスに取り組むように働きかけている。

　山本さんは「世の中は急速に変化しており、既存の事業に安住するのはお客さまにとってリスクになる。無関係と思っていたら変化に対応できなくなる。お客さまにも関係があるということを知ってもらい、リスクをチャンスに変えてもらいたい。そのヒントがSDGsにある」と話す。

　社会課題解決型ビジネスは地域企業の生存にも欠かせない要素となっている。

　国内の産業構造は変革が迫られている。大手製造業は海外に生産を移し

ている。安い人件費を求めているという事情もあるが、人口減少で国内市場が縮小し、大量生産・大量消費型の商品が売れなくなってきた背景もある。大手は「ソリューションビジネスへの移行」を掲げ、ICTなどソフトウエアにシフトもしている。"モノづくりからコトづくりへ"と製造部門を手放す企業も少なくない。

　地域の中小企業は大手との取引が先細りする一方だ。地銀も貸出先の経営が細ると経営が息詰まる。地域でお金が回らなくなり、地域産業は地盤沈下に拍車がかかる"負のスパイラル"が生じる。

　地域経済に立ちこめた閉塞感という暗雲を吹き飛ばす起爆剤が社会課題解決型ビジネスだ。少子高齢化、行政の財政難などがあり、社会には困りごとが山積する。パリ協定の発効、脱プラスチックの潮流など環境保全への要求も強まっている。

　こうした社会や環境の課題はビジネスのヒントであり、解決が利益になる。課題を解決できる技術・サービス、ビジネスを開発できれば社会から受け入れられる。

　地域企業にとって乗り換える船が社会課題解決型ビジネスだ。地銀の貸出先が社会課題解決型ビジネスに乗り出せば、地銀も資金を貸し出せる。地域企業が成長すれば、地銀にも利益になる。

　滋賀銀はSDGsの旗を掲げ、地域企業にSDGsを知ってもらうことで社会課題解決型ビジネスに漕ぎ出すチャンスをつくろうとしている。山本さんは「滋賀銀は県内シェアも大きく、地域経済を支える使命がある」と認識する。社会課題解決型ビジネスに資金を回すことが、滋賀銀が地域で果たす社会的責任だ。滋賀銀がSDGsを傍観することは、地域に対する責任放棄といっても過言ではない。

　「しがぎんSDGs宣言」から約1年の2018年12月、国が先進的な取り組みを表彰する「第2回ジャパンSDGsアワード」(外務省)の特別賞「SDGsパートナーシップ賞」に選ばれた。第1回も含めてアワードに選ばれた金融機関は滋賀銀が初だ。

CSR経営を深化

 滋賀銀は地銀として初めてSDGsへの賛同を宣言し、関連する金融商品の取り扱いを始めた。

 ただし、特別な取り組みを始めたつもりはない。「SDGsを活用し、CSR経営を深化させていく」(山本さん)。その言葉の通り、滋賀銀のCSR経営の歴史は古く、そして"深い"。

 1966年制定の行是は「自分にきびしく　人には親切　社会につくす」とあり、2007年制定のCSR憲章(経営理念)は「『地域社会』『役職員』『地球環境』との共存共栄」を掲げる。

 行是、CSR憲章とも近江商人の心得として有名な「三方よし」に通じる。売り手、買い手ともに満足し、社会貢献もできるのがよい商売であり、社会から信頼を得られるとの教えが「三方よし」だ。近江国はいまの滋賀県に当たり、滋賀銀の経営にも近江商人の精神が継承されている。

お金の流れで環境を守ろう

 琵琶湖も、滋賀銀のCSR経営と密接だ。

 1977年、琵琶湖の広範囲に赤潮が発生した。合成洗剤に含まれていた「リン」の流入増加による水質悪化が原因だった。県民主体で「粉せっけんを使おう」という運動が起こり、滋賀県もリンを含んだ家庭用合成洗剤の使用禁止、工場排水に含まれるリンを規制する条例を制定した。

 滋賀県は半分が森林という地形でもある。琵琶湖や森林が身近にある県民には環境保全の意識が根づいており、その地域で事業を営む滋賀銀も県民と同じ思いで環境問題に向き合い、CSR経営の土壌が形づくられていった。

 1990年代、本業による具体的な取り組みを始める。環境破壊が地球規模の問題となり「21世紀は平和と環境の世紀」といわれていた当時の頭取の強い思いから、お金の流れで地球環境を守る「環境金融」が生まれた。

環境格付、しがぎん琵琶湖原則制定

　象徴的なのが 2005 年開始の環境格付による融資だ。環境問題への取り組みで高い評価を得た事業者は金利で優遇を受けられる制度だ。2018 年 3 月に始めた「ニュービジネスサポート資金（SDGs プラン）」のルーツであり、いまの ESG 投資（Column7）にも通じる。

　環境格付を受けるには企業による環境保全の取り組みを示した「しがぎん琵琶湖原則（PLB）」への賛同が条件。滋賀銀は 2005 年に PLB を策定した。PLB に賛同し、格付を希望した事業者の環境への取り組みを滋賀銀が 15 項目、3 段階で評価する。

　格付は 5 段階。「取り組みが先進的」と評価された最上位格付の事業者には、0.5％引き下げた金利で資金を貸し出す。事業者は支払う金利が減るので、資金に余裕が生まれる。環境格付は事業者の環境活動の動機づけとなる。まさに「お金の流れで地球環境を守る」取り組みであり、金融機関の本業で環境保全に貢献できる。

　日本政策投資銀行が 2004 年、「DBJ 環境格付融資」の運用を始めている。環境経営に優れた企業を選定し、得点に応じて 3 段階の金利を適用する「環境格付」の手法を用いた世界初の融資メニューという（日本政策投資銀行のウェブサイトより）。地銀では滋賀銀がもっとも早い。おそらくメガバンクを含めた民間金融機関で先進的な取り組みだった。

　2018 年 7 月末時点で 1 万 750 件が PLB に賛同して環境格付を取得している。滋賀銀の事業性融資先の 6 割近くに当たる。

「三方よし」で商品企画

　環境格付を開始する前の 2003 年、紙の使用削減への効果を地域の学校に還元する「エコプラス定期預金」を始めていた。電話やインターネットによるダイレクトチャネルを利用して定期預金を預けると、1 回の預け入れごとに 7 円を滋賀銀が積み立てる。たまった資金は、小・中学校でのビ

オトープ（生き物が生息する空間）整備に使う。

預金者はダイレクトチャネルを選ぶことで預金手続きに用紙を使わず森林資源を保護できる。さらにビオトープ整備を通して学校の環境教育の場を提供できる。「滋賀銀にお金を預けると環境にいいことをしてくれる」と預金者が思える仕組みだ。「三方よし」の考え方で企画した商品だ。

2016年度までに「エコプラス定期」で積み立てた資金から1679万円を拠出し、35校にビオトープを整備した。2017年度からは琵琶湖の固有種で絶滅危惧種のニゴロブナ、ワタカの放流資金に拠出している。

もともとやってきたこと

本業で環境・社会に貢献するCSR経営が身についていたので、2015年9月にSDGsが採択されても「ビジネスによる課題解決は、もともとやってきたこと」（山本さん）という受け止めだった。

「しがぎんSDGs宣言」も、当初は2017年春に出すことを検討していた。当時は「職員の認知が足りない」ということになり、本部から現場への周知活動などを通じてSDGsへの理解を深めた上で、11月に高橋頭取自らが記者会見して宣言を発表した。

"しがハブ"はじまる

いま、滋賀銀から「滋賀全県」へSDGsの取り組みを広げようとしている。2018年10月、滋賀銀、関西アーバン銀行、滋賀県が人材を提供し、新組織「滋賀SDGs×イノベーションハブ（通称しがハブ[※29]）」を設立した。県の経済界としてSDGs起点の事業化を支援し、地域経済の活性化や魅力ある地域づくりに貢献する。

「しがハブ」で特にこだわるのがアウトサイド・インのビジネスアプローチ。社会課題を起点に新しい事業を考える手法でイノベーションを生み出

Keyword 29　滋賀SDGs×イノベーションハブ
滋賀県と経済界が協力して官民連携の組織を創設。社会的課題解決につながるイノベーションを創出するとともに、21世紀にふさわしい新たなビジネスモデルを構築する。

しやすい。2030年の未来像を描いたSDGsを活用すれば、社会課題からの新規事業を着想できる可能性が広がる。

滋賀県でSDGsが大きなうねりとなっている。滋賀銀がお金の流れを社会課題解決型ビジネスに向かわせ、滋賀の経済界でもSDGsが共通言語となった。山本さんは「SDGsにはどんな世界を目指すのかが書かれている。それでは滋賀県は、どんな地域にしたいのか。滋賀県の未来像を描き、地域づくりからSDGsに貢献したい」と語る。

1本ずつの水流がまとまって琵琶湖となるように、お金の流れによって生まれたSDGsの水流が水かさを増し、「滋賀県のSDGs」となっていく。その源流が滋賀銀だ。

SDGs成功ポイント

□共同の旅路へ、地域企業とメリットを分かち合える仕組み

経営トップである高橋頭取が記者会見でSDGsへの貢献を宣言しました。2017年11月当時、SDGsを冠した商品はありません。誤解を恐れずにいえば、宣言のために記者会見を開いたのです。他にそのような例はありますか。ちょっと記憶にないです。

他の地銀もSDGs商品の取り扱いを始めました。それでもSDGsの説明資料などで、滋賀銀は「地銀初のSDGs宣言」として紹介され続けています。そして権威のある「ジャパンSDGsアワード」で金融機関から初選出されました（メガバンクよりも先に）。"初"の訴求効果は絶大です。「県内」「同業者」で初の宣言、アワード初受賞のチャンスを持つ企業、自治体が他にも多いのではないでしょうか。

さて、SDGsの理念が書かれた「持続可能な開発のための2030アジェンダ」の有名な一節「我々は、世界を持続的かつ強靱な道筋に移行させるために緊急に必要な、大胆かつ変革的な手段をとることに決意している。我々はこの共同の旅路に乗り出すにあたり、誰一人取り残さないことを誓う」があります。

県内企業を社会課題解決型ビジネスへと導こうとしている滋賀銀の姿勢が、この理念だと思いました。地銀と地域企業が共同の旅路に乗り出そうとしています。

　企業も有利な条件で資金を得られます。それだけなく、SDGs プランでの融資で第三者（滋賀銀）から「SDGs に取り組む企業」として認めてもらったことになります。地域での知名度、信頼が高まり、Case1 大川印刷のように注文が入ったりと、ビジネスでの相乗効果が期待できます。滋賀銀は地域企業もメリットを得られるように SDGs を活用しているのだと思います。

Column 7　ESG投資

　日本：4740億ドル　　欧州：12兆ドル

2016年のESG投資の地域別の規模だ（Global Sustainable Investment Reviw）。日本と欧州で25倍の開きがある。

　ESG投資は、成長の見込みのある企業や事業への投資。投資家であればESG情報を分析し、安定して配当を続けてくれそうな企業を見つけ、その企業の株式を購入する行為がESG投資となる。

　「ESG」が何かというと、環境（Enviroment）、社会（Social）、企業統治（Governance）。ESGの優れた企業は「環境に配慮し、社員の人権を守り、社内の風通しが良い」と評価できる。本業を通した社会課題の解決など、売上高や市場シェアだけでは評価しきれない企業価値を知る情報源だ。

　好業績の企業が不祥事を起こす事態が起きている。目先の利益追求が招いた2008年の世界経済危機（リーマン・ショック）を投資家は反省し、長期に安定配当を見込めるESG投資が広がった。欧州が先駆けとなったことで冒頭の投資額の差が生じた。

　日本でもESG投資が盛り上がっている。企業も長期で株式を保有してくれる投資家が増えると、足元の業績に振り回されなくなり、腰を据えて事業に打ち込める。

　ただし売上高などと違い、ESGの評価は難しい。そこでSDGsが投資家と企業の対話のベースになる。SDGsに取り組む企業は、E（環境）やS（社会）を考えて経営していると評価できるからだ。

　環境や社会に貢献する意欲や能力を持った中小企業に大手企業が資金を提供するようになった。これもESG投資だ。課題解決型ビジネスを展開する中小企業は資金を調達しやすくなっている。

Case 11　株式会社 LIXIL

途上国へのトイレ普及でユニセフと連携。マーケット創出の援軍

分類	SDGs戦略	企業戦略	戦略期間
大企業	社会課題への対応	新しい事業パートナーの獲得	継続的取り組み

SDGs目標	6

- 本店所在地：東京都江東区大島 2-1-1　●設立：2001年
- 従業員：16,638人（2018年1月現在）　● URL：https://www.lixil.com/jp/

　世界では3人に1人、約23億人が安全で衛生的なトイレがない生活を送っている。そのうち約9億人が日常的に屋外で排泄している。

　どの家庭にもトイレがあり、外出先でもトイレを使える日本にいると「3人に1人」は実感を持てない数字だ。例えると、3人暮らしの世帯が3軒並んでいると、そのうち1軒は安全で衛生的なトイレなしということになる。

　「トイレ問題」は一言では片づけられないほど、多くの課題を抱えている。トイレ普及率の低い途上国では野外排泄が地域の水質を悪化させ、不衛生な水が原因となった下痢性疾患などによって、毎日約800人の5歳未満の子どもたちが命を落としている。

　また、屋外へ排泄に行って性的被害や暴行に遭う女性も少なくない。学校にトイレがない、あったとしても女児用トイレがなく、学校へ通えない女児も多く、教育機会が奪われている。

途上国へのトイレ普及、企業の限界

　国際社会は「トイレ問題」を深刻に受け止めている。SDGsは**目標6**に「安全な水とトイレを世界中に」を掲げ、ターゲットに「2030年までに、全ての人々の、適切かつ平等な下水施設・衛生施設へのアクセスを達成し、野外での排泄をなくす。女性及び女子、ならびに脆弱な立場にある人々のニーズに特に注意を向ける」と設定した。2030年までに「野外排泄ゼロ」が世界目標だ。

第 2 章　社会に必要とされる事業を考える

写真 2-23　LIXIL とユニセフのパートナーシップ締結
（左からシャネル・ホールユニセフ事務局次長、瀬戸欣哉 LIXIL 社長）

　LIXIL も世界のトイレ問題の解決に挑む。同社は 2018 年 7 月 26 日、トイレの普及を目指して UNICEF（国連児童基金、ユニセフ）とグローバルパートナーシップを結んだと発表した。

　同日、LIXIL の瀬戸欣哉社長、ユニセフのシャネル・ホール事務局次長が並んで記者会見にのぞんだ。日本企業と国連機関がパートナーシップを締結して記者会見を開くというのは、あまり記憶にない。当日のリリースにも、ユニセフにとって水と衛生の分野で初のグローバルな「シェアードバリュー・パートナーシップ」であり、日本企業との締結は初と紹介されていた。

　会見で瀬戸社長は「いくらすばらしい商品でも、我々だけでは壮大なゴールに到達できない。ユニセフのネットワークで早く子どもたちにトイレを届けられるようになる」と期待を示した。

　LIXIL はトイレの製造・販売という本業で SDGs の**目標 6** に貢献できる。トイレを売ることが社会課題の解決につながり、事業成長もできる。しかも、トイレの低普及率の国・地域は新たなマーケットであり、シェアを獲得できるチャンスがある。実際に LIXIL は 2020 年までに「1 億人の衛生

144

環境を改善する」という目標を掲げている。

　しかし、発展途上国ではトイレが大切という意識が薄い。いくらLIXILが途上国の消費者に「衛生環境改善のためにトイレを使いましょう」と訴えても、聞く耳を持ってくれるとは限らない。トイレよりも優先順位が高いと感じている課題もあり、「いち私企業では限界」（瀬戸社長）なのだ。

活動の分担化で普及を促進

　ユニセフならネットワークを生かし、途上国政府や現地の人にトイレの重要さを伝えられる。ただし、せっかく耳を傾けてくれたとしても、製品がなければ普及しない。ホール事務局次長は「民間とのパートナーシップが重要。企業は製品を持っている」と語った。

　今回のグローバルパートナーシップで期待される役割分担は、ユニセフが途上国にトイレの大切さを啓発し、LIXILが実際のトイレを提供すること。ユニセフは特定の企業や製品を推奨しない中で、「子どもの健康や教育の機会を守るために排泄に対する意識を上げながら、誰もが入手しやすい衛生製品へのアクセスを向上させる」という目標をLIXILと共有できるのでグローバルパートナーシップを締結した。

　LIXILとユニセフは、2021年までに世界で2億5000万人の衛生環境の改善に貢献する目標を掲げた。

簡易トイレを開発、180万台出荷

　このパートナーシップでLIXILは低価格のトイレをソーシャルビジネスを通して供給し、寄付ではなく経済原理（商売として）で成り立つ衛生市場の確立を目指す。まずエチオピア、タンザニア、ケニアの3カ国で活動を始める。

　LIXILが提供するのが簡易式トイレシステム「SATO」だ。日本で使い慣れた陶器製トイレと違い、ほとんどのSATOはプラスチック製で、片手で持ち運べるほど軽い。それでいて、途上国に向けて開発したデザイン

第2章　社会に必要とされる事業を考える

写真 2-24　SATO は片手で持てて、設置も手軽

や機能が備わっている。

　まず軽量なので子どもでも持ち運べ、どこへでも簡単に設置できる。1回の洗浄に必要な水量はごく少量。水を入れると重みで底の弁が開く。排泄物が流れた後は弁が閉まるので悪臭の発生や病原菌を媒介するハエなどの虫を防ぐ。流体力学分析によるスムーズな水洗の追求など、高価格帯トイレと同じような工程を経て開発された。

　初代モデルはビル&メリンダ・ゲイツ財団からの資金助成を受けて開発し、2013年にバングラデシュで販売した。数ドル（数百円）と安価で、簡単に設置して衛生環境を向上できる。2018年3月末までに約180万台を出荷し、約900万人の衛生環境の改善に貢献してきた（SATO 1台あたりの平均利用者を5人と想定し換算）。

　ユニセスとのパートナーシップ締結前から LIXIL は SATO を1台でも多く途上国へ届けるために「みんなにトイレをプロジェクト」を展開している。一体型シャワートイレ1台の購入で、アジアやアフリカに SATO 1台を寄付する仕組みだ。世界の衛生問題が十分に認識されていない日本で関心を高めることを目的としており、賛同した多くの代理店や工務店が一体型シャワートイレを営業している。代理店や工務店にとっても日常の業

務で世界の子どもたちを救えるので参加しやすい。

　2017年、2018年とも4〜9月に実施し、国際団体などを通じて合計40万台をアジア、アフリカに寄付する予定で、約200万人の衛生改善につながる（SATO 1台あたりの平均利用者を5人と想定し換算）。

　ただ、寄付にだけ頼っていては普及テンポは遅い。消費者にトイレの大切さを理解してもらい、買ってもらうことが重要だ。

　実は途上国では、貧困など資金的な理由がトイレ普及の妨げになっているとは限らない。LIXIL コーポレートレスポンシビリティグループの小竹茜グループリーダーは「消費者にトイレの大切さが正しく理解されておらず、お金を支払うだけの価値を認めてもらっていないことも問題の1つ」と指摘する。

　そこで、LIXIL では SATO をブランディングするイベントを途上国で開いている。現地の有名人がダンスをしたり、歌ったりして SATO をプロモーションする。「SATO をおしゃれでクールなアイテムとしてブランディングすることで、みんなに欲しいと思ってもらう」（小竹さん）のが狙いだ。まずトイレに関心を持ってもらい、トイレの大切さに気づき、買うことが当たり前となるように「行動変容を起こしたい」（同）。

　LIXIL の途上国へのトイレ普及の取り組みは、第2回「ジャパン SDGs アワード」の SDGs 推進副本部長（外務大臣）賞を受賞した。ビジネスを通した課題解決への貢献が評価された。

継続した取り組みが信頼へとつながる

　メーカーにとってトイレの普及率の低い国や地域が、潜在的なマーケットであることは確かだ。トイレの提供によって衛生環境を改善できるので、本業で社会課題を解決しながら事業成長できる。

　しかし、そう理解していても、実際にトイレを普及させようと思うと簡単ではない。現地に行かないと「なぜ、トイレが使われないのか」という本当の課題が見えてこない。従来の営業とは違うアプローチが必要だ。

「製品を売る」という目先のことばかり考えていると社会課題は解決できない。課題を解決しようと思うと、現地の課題に熟知したパートナーの協力も必要となる。LIXILはJICAやNGOウォーターエイドなどとも協働し、途上国でのトイレ普及に取り組んできた。ユニセフとの今回のグローバルパートナーシップ締結も、以前からの協力関係を発展させて実現させた。

SDGsに**目標6**が掲げられたことで現地の政府や企業とも目標を共有し、連携しやすくなった。LIXILは本業で社会課題を解決する援軍を増やせる。ユニセフは強力なパートナーとなりそうだ。

ただし、途上国市場を1社で独占するつもりもない。小竹さんは「多くのメーカーに参入してもらい、持続的なトイレマーケットを途上国でつくり、SDGsの**目標6**を達成したい」と語る。

SDGs成功ポイント

□アウトサイド・イン・アプローチの活用

ユニセフとの協力関係の構築が、これまでのビジネス戦略との違いです。途上国へ進出する場合、自社の製品を売ってくれる代理店を現地で見つける。この方法が一般的でしょう。

LIXILにとってユニセフがパートナーといってもいいと思います。今までの途上国進出の形態を変えたのではないでしょうか。

SDGsを活用したビジネスチャンス獲得の方法として「アウトサイド・イン・アプローチ」があります。「SDG Compass（コンパス）」の19ページに「世界的な視点から、何が必要かについて外部から検討し、それに基づいて目標を設定することにより、企業は現状の達成度と求められる達成度のギャップを埋めていく」と解説があります。「外部」とは社会課題です。課題を解決しようとすると、これまでとは違うビジネスモデルが必要だといっています。

従来は製品が起点であり、製品をどうやって売るかを考えていました。社

Case 11　株式会社 LIXIL

会課題から考えると、例えば課題に詳しい NGO に製品の売り方を助言してもらおうと思うでしょう。課題解決につながるのであれば、NGO も協力してくれます。課題解決を目標として共有しようとすると、いままでと違うパートナーと巡り会えるのではないでしょうか。

　グローバル・コンパクト・ネットワーク・ジャパンの有馬利男代表理事は「途上国での課題解決ビジネスは大きなチャンスはあるが、リスクもある。パートナーやアプローチを変える必要がある。アウトサイド・イン・アプローチが求められる」と語っていました。

　LIXIL は簡易式トイレシステム「SATO」をブランディングしています。トイレを"おしゃれ"で"クール"なモノに見せるのも、これまでと違ったアプローチではないでしょうか。

Case 12　三菱電機株式会社

商品1つで
低所得者と富裕層のニーズを満たす工夫

分類	SDGs戦略	企業戦略	戦略期間
大企業	社会課題への対応	新たな事業機会の創出	継続的取り組み

SDGs目標 | 1　3

●本社所在地：東京都千代田区丸の内2-7-3　東京ビル　●設立：1921年
●従業員：連結142,340人（2018年3月現在）　●URL：https://www.mitsubishielectric.co.jp/

　三菱電機の若手研究者がバイクの荷台に載る冷蔵庫を試作した。インドネシアの島で暮らす魚売りに魚の保管や輸送で使ってもらう小型冷蔵庫だ。SDGs時代のビジネスの形を予感させる可能性がつまった製品だ。

バイクに積める魚売りの冷蔵庫

　同社の先端技術総合研究所とデザイン研究所の若手研究者が立ち上げた「Small World Project」から小型冷蔵庫のアイデアが生まれた。デザイン研究所未来イノベーションセンターが引き取り、松山祥樹デザイナー（現在、ホームシステムデザイン部所属）が専任となって開発を進めてきた。

写真2-25　バイクの荷台に積める小型冷蔵庫

インドネシアの島々では魚売りで生計を立てている島民が多い。松山さんがNPOコペルニクのメンバーと漁村を訪ね、魚を入れたバケツをつり下げてバイクを運転する島民を目にした。現地は1年を通して高温で、バケツの中の魚は鮮度が落ちやすい。せっかく捕った魚もすべてを売ることができず、低収入の一因となっていると分かった。

日本には生鮮食品を保冷したまま輸送できる保冷車がある。インドネシアにも保冷車を導入したら課題を解決できると考えてしまいがちだが、現地に行くと難しいと分かる。道が未舗装であるだけでなく、入り組んでいて保冷車が走行できる状態ではない。そもそも高価で、貧しい島民では購入できない。

実際に現地を訪ねた松山さんは「日常的にバイクが使われている。慣れ親しんだバイクで使えるものが受け入れられるはずだ」と、バイクの電源を利用する冷蔵庫を思いついた。

冷蔵庫のサイズは、バケツと同じ量の魚が入る容量にした。直射日光を受ける上部の面積を狭くするため外観を台形に設計。側面に傾斜ができ、激しい雨が打ちつけても流れるように防水に配慮した。乾期と雨期の2つの季節がある熱帯性気候にデザインで適応させた。

上部のふたを取り外せるので魚を売り終えた後、丸洗いができて清潔に保てる。

実際に現地で使ってもらうと「魚が傷まず、夕方まで販売できるようになった」と評価する声が聞かれた。冷蔵庫に入っていることが鮮度のいい証となり、通常よりも高く売れることもある。収入が増える手応えを感じた。

同じ商品から2つのターゲット。量産化を見据え

ただし、貧しい漁村では小型であっても冷蔵庫は高級品。「電化は進んでいるが、冷蔵庫を持っている家庭は少ない」（松山さん）という。

そこで、松山さんは同じ形状のままで色を変えた冷蔵庫を富裕層にも訴求することを考える。想定する用途はベッド脇に置くような2台目の冷蔵

第 2 章　社会に必要とされる事業を考える

写真 2-26　色を変えることでベッド脇に置けるような冷蔵庫に変身

庫。ミネラルウォーター入りペットボトルなどを保管するような、ちょっと高級感のある冷蔵庫だ。富裕層もターゲットとすることで量産効果を生み、途上国の漁民の手が届くコストを目指す。

　松山さんが所属する未来イノベーションセンターは、未来志向の開発が研究テーマ。いまの市場を破壊して生まれる新市場に必要な技術を探索し、その研究開発を推進する。将来を見ながらイノベーションを起こすように呼びかけている SDGs と方向性が一致する。新技術だけがイノベーションとは限らない。ビジネスモデルにもイノベーションがある。「1 つの商品で魚売りと富裕層の 2 つの市場ニーズを満たす」（松山さん）冷蔵庫は、デザインでのイノベーションだろう。

　松山さんたちは若手向けの社内コンペ「Design X」で途上国の低所得層向けプロジェクトを提案し、魚の保管や輸送に使う小型冷蔵庫の試作につながった。協力する NPO コペルニクは、「ラストマイル」（最も支援の届きにくい地域や人々）の課題に対し、企業などと連携しながら解決策を見つける活動をしている。松山さんはコペルニクとの連携で現地の課題解決に最適な冷蔵庫を考え、住民にも試作機のテストで協力してもらえる関

係性を築けた。

冷蔵庫の事業化は未定だが、SDGsの**目標1**「貧困をなくそう」、**目標3**「すべての人に健康と福祉を」に貢献できる。

SDGs成功ポイント

□社会課題解決ビジネスのためにNGO・NPOとの連携を

途上国の貧困層を対象としたBOP（Base of the Economic Pyramid）ビジネスは、市場性がありながら大企業の参入が難しい分野です。価格を下げるために機能を落とすと、商品の特徴が薄れてしまいます。売れたとしても価格が安く、開発コストを回収できる保証がありません。研究開発であっても、大きな市場に成長するまでの先行投資として社内で認められることもまれです。

紹介した小型冷蔵庫のように「同じ製品で2つの市場を満たす」といういままでにない発想が、BOPビジネス攻略の解の1つかもしれません。

NGO・NPOとの連携も社会課題解決ビジネスの成功のカギでしょう。NGO・NPOは常に課題を解決しようと活動しており、本当の課題を熟知しています。ただ、資金やマンパワーが限られ、十分な解決手段を持ち合わせていません。企業は製品やサービスを提供できるので、NGO・NPOにとって力強いです。

NGO・NPOから課題を教えてもらえます。松山さんのようにNGO・NPOのネットワークを活用し、課題を抱える人に試作品を使ってもらえます。企業は開発製品の欠点に気づき、改善を繰り返して完成度を高められる好循環が生まれます。

SDGsは経済、社会、環境のバランスがとれた成長を目標として掲げています。企業は「経済」に精通しています。省エネ活動やゴミの分別などで日常的に「環境」への意識もあります。欠けているとしたら「社会」の困りごとへの感度かもしれません。「社会」を補うのがNGO・NPOです。また、自治体も地域の社会課題を抱えており、企業の連携相手となります。

Case 13　コニカミノルタ株式会社

2030年を目指し「バングラデシュでの健康診断制度の定着」を目標設定

分類	SDGs戦略	企業戦略	戦略期間
大企業	社会課題への対応	新たな事業機会の創出、イノベーション	将来性あり

SDGs目標	3

●本店所在地：東京都千代田区丸の内 2-7-2　JPタワー　●設立：1936年
●従業員：単体 5,282人（2018年3月現在）　● URL：https://www.konicaminolta.com/

　コニカミノルタは2030年までにバングラデシュに「健康診断制度」を根付かせる"壮大な目標"を描く。現地の医療課題解決と新規ビジネス創出を目指し、実証事業に取り組む。

ICTで医療の地域格差解消に挑む

　バングラデシュの医療課題の1つが地域格差だ。都市部の病院では医療機器が整いつつあっても、農村は普及率が低い。X線撮影装置は住民100

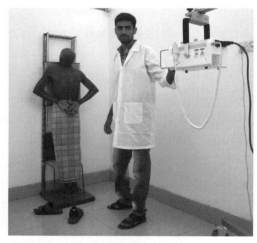

写真 2-27　小型のX線撮影装置での健診

万人に 1 台という状況だ。

　貧困層が多く暮らす農村部にとって装置が高価というだけが普及を阻む理由ではない。コニカミノルタの丸山則治 X 線システムグループマネジャーは「診察した画像を読める医師は都会にしかいない」と、医師不足も原因に挙げる。

　食生活や運動不足などが招く生活習慣病も課題だ。日本にいると途上国では感染症が深刻な問題と思いがちだが、実は高血圧、糖尿病、肥満など生活習慣病も急増している。予防には定期的な健康診断が有効だが、地域格差や医師不足があって実施率は極めて低い。農村部の住民は収入が低く、都市に出かけてまで健診を受けようとも思わないのだ。

　バングラデシュの国土は日本の 4 割ほどだが、人口は 1 億 6000 万人と日本よりも多い。その国民の 7 割近くが農村部で暮らしており、医療課題の解決は待ったなしの状況だ。

　そこでコニカミノルタは、健診のときだけ地方の診療所に小型の X 線撮影装置を持ち込み、撮影した画像データをクラウドコンピューティングで都市部の医師へ送信する遠隔健診を発案した。診療所に X 線撮影機器が常設されていなくても、農村部の住民も健診を受けられる。交通費を払って都市へ出かける必要がなく、健診の受診率アップが期待できる。

東大発ベンチャーと連携

　コニカミノルタは 2016 年度、経済産業省の事業としてパイロットを実施し、現地で 2300 人を遠隔健診した。2017 年度は国際協力機構（JICA）の「SDGs ビジネス」調査に採択され、東京大学発ベンチャー miup と連携した事業実証をスタートさせた。miup は ICT 活用による安価な医療サービス提供を目指して 2015 年に起業した。

　コニカミノルタの X 線撮影装置、携帯型超音波診断装置などの医療機器と遠隔読影サービスに、miup の AI（人工知能）や診断アプリケーション（応用ソフト）などを組み合わせ、貧困層が利用できる安価な健診サー

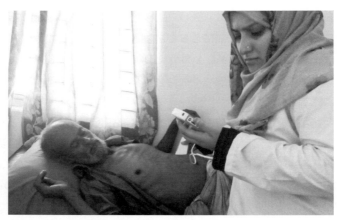

写真 2-28　手のひらサイズの携帯型超音波診断装置

ビスを目指す。

　地方の診療所で健診した X 線や超音波機器によるデータを miup の AI やコニカミノルタの解析技術で診断する。簡易な検査ではあるが、病気になるリスクの高い人を信頼性をもって抽出し、医師への受診を薦める。

SDGs のターゲットを一致

　SDGs は**目標 3** に「すべての人に健康と福祉を」と掲げ、ターゲットに「2030 年までに非感染性疾患による若年死亡率を 3 分の 1 減少させる」とある。生活習慣病は非感染性疾患であり、バングラデシュで提供を目指す健診サービス事業と SDGs の目標が一致する。

　現状ではコニカミノルタにとって健診サービス料よりも、医療機器 1 台の売上高の方が大きい。こう考えると、健診制度のない国で民間企業が健診サービスを始めるのは、大胆な挑戦かもしれない。

　しかし 2030 年、同国に健康診断が普及し、年 1000 万人が遠隔健診を利用するようになると、サービス料は大きな収益となる。医療機器の需要も生まれ、コニカミノルタに市場獲得のチャンスが訪れる。丸山マネージャー

は「いま、先進国が医療機器のマーケットだが、将来を考えると途上国にも経営資源を配分する価値がある」と話す。

　足元の業績も重要だが、企業が長続きするには長期戦略が欠かせない。将来のマーケットを描き、そこから逆算するバックキャスティング型の市場開拓も必要だろう。また社会課題起点で事業を考える「アウトサイド・イン・アプローチ」も求められる。貧しくて医療機器が売れるはずはないと諦めるのではなく、課題の解決策を考えるとイノベーションが生まれる。安価な遠隔健診サービスが確立できれば、それがイノベーションであり、他の途上国にも展開できる。

　コニカミノルタは中長期戦略の重要課題として「ソーシャルイノベーション」を掲げる。CSR推進グループの御給佳織リーダーは「社会課題と自分たちのビジネスを突き合わせ、社会も会社も成長する構造をつくりたい」と語る。そして「SDGsは壮大だが、『課題はここにある』といってくれている。いい道標」と語る。SDGsを道標に、ソーシャルイノベーションを創出する。

SDGs成功ポイント

☐ 2030年の未来目標の描き方

　SDGsの活用でもっとも難しいのが2030年に向けて事業を遂行することでしょう。いまは利益にならなくても、2030年には大きな市場になっていると確信して社会課題解決ビジネスを進めることができるのか、どうか。

　日本の民間企業であるコニカミノルタが、外国に健康診断制度を根付かせようとする発想が壮大だと思いました。しかし健診の手数料が仮に100円としても、将来1000万人が利用すると10億円が毎年の収入になります。X線撮影装置1台を売るよりも、安定した事業基盤となります。

　この健診サービスの取り組みが、Case11で紹介した「アウトサイド・イン・アプローチ」です。課題を起点にアウトサイドから戦略を考えると、これま

でとは違うビジネスモデルが求められます。従来の「インサイド・アウト」だと製品が起点なため、製品をどうやって売るかを考えていました。

　また、この健診サービスは、第1章で国連大学の沖大幹副学長が語っていた「バックキャスティング」でもあります。未来に設定した目標から逆算することで、コニカミノルタは既存製品にこだわらない発想を導き出しました。

　では、未来の目標をどうやって設定するのか。その手がかりがSDGsにあります。本文で、**目標3**のターゲットに「2030年までに非感染性疾患による若年死亡率を3分の1減少させる」とあると紹介しました。国際社会が合意した目標なので、コニカミノルタも目標として設定でき、確信を持って事業を遂行できます。

Case 14　富士ゼロックス株式会社

コピー機メーカーの業態を超えた取り組み。
社内ノウハウを地域のSDGsに活用

分類	SDGs戦略	企業戦略	戦略期間
大企業	地域課題に貢献	業態を超えた新規事業	継続的取り組み

SDGs目標	8　11

● 本社所在地：東京都港区赤坂 9-7-3　● 設立：1962 年
● 従業員：単独 8,023 人、連結 44,596 人（2018 年 3 月現在）　● URL：https://www.fujixerox.co.jp/

　長崎県壱岐市は 2018 年 10 月 4 日、東京・有楽町で記者会見を開いた。同市は内閣府の「SDGs 未来都市」に選ばれており、SDGs を活用した地方創生の取り組みを説明する場だった。白川博一市長は「SDGs に相当、期待している」と表明した。富士ゼロックスの阪本雅司常務執行役員も登場し、他の登壇企業とともに官民で協力しながら地域づくりを進める決意を語った。

リゾート型テレワークセンターの開設

　壱岐は九州と対馬の間にある離島。福岡市から高速船で 1 時間ほどの距離だ。「魏志倭人伝」に登場する王都の遺跡「原の辻遺跡」があり、国の特別史跡に指定されている。春先に吹く強い南風「春一番」の発祥の地という。

　壱岐市の 2015 年の人口は約 2 万 7000 人。2010 年から約 2000 人が減少した（平成 27 年国勢調査）。全国の地方自治体と同じように人口減少に直面しており、白川市長は「危機的な状況」と表現する。地域経済は農業・水産業に依存しており、新しい産業を興すには「企業との連携は不可欠」と断言する。

　記者会見の少し前の 9 月 29 日、壱岐市でテレワークセンター「フリーウィルスタジオ」がリニューアルオープンした。原の辻遺跡内にある施設には富士ゼロックスを含む東京や長崎の企業 6 社が入居し、サテライトオフィ

第 2 章 社会に必要とされる事業を考える

写真 2-29 壱岐市のテレワークセンター「フリーウィルスタジオ」

スとして活用している（2018 年 12 月末時点）。

　ICT を使い、場所や時間にとらわれず柔軟に働けるのがテレワーク。サテライトオフィスは、都市から距離的に離れ、移動手段も限られる離島に暮らしながら付加価値の高い業務ができる。

　壱岐のフリーウィルスタジオには通信、テレビ会議システム、大型プロジェクターなどの設備も充実しており、都市と同質の仕事が可能だ。豊かな自然に囲まれて働ける「リゾート型テレワークセンター」であることも魅力。また、国特別史跡の中で勤務できるテレワークセンターは壱岐だけという。フリーウィルスタジオのウェブサイトには「ちょっとバカンス気分。壱岐でのんびり働く」と紹介されている。

住民の意見を吸い上げた、みらい創り対話会

　フリーウィルスタジオ開設に携わったのが富士ゼロックスだ。地域販売会社の富士ゼロックス長崎（長崎市）と壱岐市が 2015 年 9 月、地方創生に向けた連携協定を結んだことがきっかけだった。

　両者は観光客誘致、人口増につながる新しい産業の育成、住みやすい街

Case 14　富士ゼロックス株式会社

写真2-30　さまざまな立場の人が会話を通じて、壱岐市の未来像を描きあげた

づくりをテーマとした「壱岐なみらい創りプロジェクト」を立ち上げた。活動の基本としたのが「市民が中心となり夢を実現していくこと」。行政や島外企業が「こうあるべきだ」と"押しつける"のではなく、市民側が「こういう壱岐市にしたい」と思い描くことを重視した。

　未来を考える場が対話会だ。島内の住民、企業、団体、学生などが対話を通じて「みらい創り」に必要なテーマを出し合い、そのテーマをもとに市が戦略を検討した。対話会には高校生も多く参加し、年齢や立場の違う市民が同じ視線で壱岐の未来を語り合った。

　島内各地での対話会から、空き家や未活用の施設を多様な人が集まる場所にしたいという市民の思いが浮かび上がってきた。その思いを形にしたのが、原の辻遺跡の倉庫を改装したリゾート型テレワークセンター「フリーウィルスタジオ」だ。豊かな自然と歴史にも触れられる壱岐の地域資源を活用すれば、観光客だけでなくビジネスパーソンも呼び込める。ICTによる付加価値の高い仕事も生まれ、地域活性化につながる。すでに6社が入居しており、効果が生まれている。

第 2 章　社会に必要とされる事業を考える

共創型コミュニケーション技術で支援

　テレワークセンターのアイデアを生んだ対話会に富士ゼロックスのノウハウが活用された。
　おそらく急に「対話会」を開いても円滑にいくとは限らない。同社はビジネスで培ってきた「共創型コミュニケーション技術[※30]」と呼ぶ技法を持ち込み、対話がスムーズにいくように支援した。そして本当に地域が求めているモノを引き出した。通常、"生きた対話"がないと、「観光客を増やすためにSNSを駆使」といった"すり込まれた"答えを導きやすく、そこに地方創生が行き詰まってしまう落とし穴がある。
　壱岐市が策定した「SDGs未来都市計画」にも、対話会というフレーズがいくつも出てくる。
　【2030年のあるべき姿】の「一人も取り残さない、高品質な生活環境の実現」という項目に、「定期的に島内各所で行われている『みらい創り対

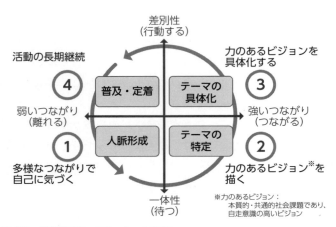

図 2-8　共創型コミュニケーション技術

Keyword 30　共創型コミュニケーション技術
富士ゼロックス独自の技術。複数回の対話を通じて参加者の自主性を育むと同時に、共感とモチベーションが含まれる重要な課題を意図的に創り出していく。

話会』では、先進技術の活用事例の共有とアイデアを創発する場として機能しており、対話の積上げで高いリテラシーを獲得してきた本市は、市民一人ひとりの生活環境や状況に応じた先進技術を応用し、生活品質の高さを維持している─（抜粋）」とある。

2030年の壱岐でも対話会が続けられており、市民生活の向上に貢献している未来像がしっかりと描かれている。

また、2020年度までの取り組み（自治体SDGsに資する取り組み）には、「社会」分野に「⑤壱岐なみらい創りプロジェクト」があり、目標として、「住民主体の対話会の支援を行うとともに、住民対話会から出てきた本市の未来のために市民自らが主体となって実現したいテーマ（夢）について、実現の後押しとなる取り組みを行う─（抜粋）」とある。

壱岐なみらい創りプロジェクトは2020年度も継続されており、SDGsの**目標4**「質の高い教育をみんなに」のターゲット4・3、4・4に貢献すると、具体的に明記されている。そして、数値目標として地方創生テーマ実現数を2018年3月の3件から2020年に9件へ引き上げると掲げた。達成のキーとなるのが対話会だ。

壱岐市と富士ゼロックス長崎の連携協定から始まった対話会が、壱岐市の未来に欠かせない活動となった。

地域のビジネスを守り、そして拡大する

富士ゼロックスの事業は、コピーやプリント、スキャンができるオフィス複合機の販売と関連サービスの提供だ。富士ゼロックス長崎は販売会社なので、本業は複合機の販売。なのになぜ、地方創生なのか。

富士ゼロックス長崎の谷合清人さんは「地域の景気が悪いのに複合機を買ってくださいとはいえない。地域が疲弊しているのに富士ゼロックスだけが元気ということはありえない。地域の経済、社会をよくすることが富士ゼロックスのビジネス基盤を守り、拡大することになる」と語る。

日本の多くの地方では人口減少と少子高齢化が進み、地域の活力が低下

している。この状況を放置すると産業が停滞し、地元企業の仕事が細ってくる。富士ゼロックスが複合機の最新機を買って欲しくても、契約してもらえない。地域の販売会社である富士ゼロックス長崎にとって地域創生への貢献は必然のこと。地域の活力向上への協力は、地域でのビジネスに欠かせない。今後は地元企業とも連携し、ICT環境の整ったテレワークセンターを活用したビジネスを創出することで、住民のすき間時間の利用などにより島内で働く場を生み出し、地域活性化、事業拡大へとつなげていく。

岩手・遠野から始まった対話会

富士ゼロックスは各地で地方創生に取り組む。2015年から神奈川県南足柄市と「南足柄みらい創りプロジェクト」を開始し、対話会を継続的に開いてきた。2017年5月には地域活性化と防災の拠点を目的として「南足柄みらい創りカレッジ」を開設した。他にも鹿児島県徳之島町、静岡県松崎町、山梨県都留市、横浜国立大学とそれぞれ地方創生で協力する。

出発点が岩手県遠野市との活動だった。2011年の東日本大震災後の被災地支援をきっかけに富士ゼロックスと遠野市との交流が始まった。遠野の風土に魅了された同社の研究員が市に「デスクを貸してください」と申し出た。市が快諾すると研究者は市役所に通い詰め、地域支援策を練った。研究員は「住民、企業、学生といった立場、地方や大都市といった場所の壁を取り払った交流で地域課題を浮き彫りにする拠点」を提案。市は廃校を改装し2014年4月、交流拠点「遠野みらい創りカレッジ」が開所した。

カレッジには首都圏から大学生や企業人がやって来て地元の住民、学生と対話する。木造校舎の暖かみと"触れ合うように学ぶ"環境が首都圏の人を惹きつけている。民泊をしながら数日を過ごし、住民との対話からビジネスのアイデアを思いつく企業人が多い。

首都圏の企業は「過疎化」「高齢化」が地方の課題だと決めつけがち。その地域に暮らす住民は別の課題を抱えていることが少なくない。企業人

は住民との対話で本当の地域課題を知り、自分たちの技術・サービスを使った解決策を発想できる。真の課題の解決策なら住民にも歓迎され、ビジネスとして成り立つ。

また、遠野の住民も首都圏の企業人や大学生とふれあい、刺激を受ける。民泊などで滞在してもらえるので、経済効果ももたらされる。カレッジの開所後も、富士ゼロックスは対話のプログラム開発などで支援してきた。2016年4月、カレッジは一般社団法人化し、地域住民が理事になった。地域が主導で進める"自走"へ移行した。

本業以外で顧客のニーズに応える

富士ゼロックスは「CSRは経営そのもの」という考え方に基づき、社会が求めるものを届ける「ソサエティ・イン」を提唱してきた。同社は顧客からオフィスや経営の課題解決を求められている。課題はビジネスニーズだ。しかし複合機の販売ばかり考えていると、顧客の課題に気づかず、ビジネスチャンスを逃してしまう。複合機の事業領域にとどまってしまい、新規事業を開拓できないままになってしまう。

地方創生も「当社の仕事ではない」と目をそらすのではなく、地域課題に向き合うことで新しいビジネスの芽を発見できる。実際、業務で活用してきたコミュニケーション技法は、地方創生にも生かされることが実証された。企業が持つ資産の多くが、地域に役立つのではないか。それは製品に限らない。業務の遂行、営業、商品企画などで培ったノウハウも活用できそうだ。

2030年、富士ゼロックスのビジネスモデルは大きく変貌し、「複合機を売っていた会社」と呼ばれるかもしれない。SDGsには業態の垣根を超えたイノベーションを起こす力がある。

SDGs 成功ポイント

□既存技術を地域に合った形にチューニング

　日本の SDGs の現場は地域だ—。

　2018 年 12 月 11 日、都内で開かれた環境省の「SDGs ステークホルダーズ・ミーティング」での出席者の発言です。少子高齢化や産業衰退以外にも、地域の抱える課題は多いです。例えば所得格差による貧困層が増え、満足のいく医療や教育を受けられない人がいます。こうした地域における課題解決が日本の SDGs です。

　この日は滋賀県東近江市が取り組みを紹介しました。市民から寄付金を募って基金を創設し、その基金への出資金を使って地域解決型ビジネスを支援します。

　行政は課題を解決したくても財政が潤沢ではありません。ビジネスの力に頼りたいですが、地元企業は利益を見込めないため課題解決ビジネスをためらいます。その背中を押すのが基金です。資金支援があると企業は参入しやすいです。課題に目を向けたことで市、市民、企業の新しい形態の連携が生まれました。

　また、SDGs ステークホルダーズ・ミーティングでは「既存技術を地域に合った形でチューニングできる」という意見が出ました。大企業の技術を少し改造すると、地域活性に生かせるという期待です。

　すでにカルビー子会社のカルネコは、地方の特産品のブランド化を支援しています。カルビー商品のブランディング手法を応用し、パッケージデザインや"口コミ"による話題づくりを手助けしています。

　富士ゼロックスも課題を引き出すコミュニケーション技法を地方創生に活用しています。大企業には技術や製品、業務で得た知見など、地域の SDGs 推進に生かせる資産が多いと思います。SDGs に貢献できる社会課題解決ビジネスへの参入の糸口がすぐに見つかるのではないでしょうか。

Case 15　SOMPO ホールディングス株式会社

社内から SDGs を広めて、
そして社外へ発信

分類	SDGs 戦略	企業戦略	戦略期間
大企業	顧客支援・関係性強化	社員のモチベーション向上	即効性あり

SDGs 目標	17

- 本社所在地：東京都新宿区西新宿 1-26-1　●創業：2010 年
- 従業員：557 人（2018 年 3 月現在）　● URL：https://www.sompo-hd.com/

　損保ジャパン日本興亜アセットマネジメントは 2018 年 7 月 6 日、ゲームで SDGs を学ぶ研修会を開いた。参加した社員 50 人は午前中、「SDGs 達成を目指す世界」を体験した。

　ゲーム名は「2030SDGs」、一般社団法人イマココラボが考案した。「ビジネスパーソンが楽しみながら SDGs を学べる」がゲームのコンセプトだ。

経済は絶好調、一方で環境、社会は・・・

　損保ジャパン日本興亜アセットマネジメントの社員は 5、6 人ずつのチームに分かれ会議室のテーブルに着いた。各チームには目標が与えられ、テーブルにはプロジェクト名が書かれたカードが配られた。実行するプロジェクトを選んでチームの目標達成を目指すというのが、大まかなルールだ。

　ゲームがスタートすると会場では作戦会議が一斉に始まった。

　プロジェクトは「交通インフラ」「大規模農業」「女性議員比率アップ」「リサイクル法強化」「認証材の活用」「フェアトレード」「遺伝子研究」などバラエティーに富む。各カードにはプロジェクトに必要な投資額や所要時間も書かれている。プロジェクトを選ぶと手持ちの「お金」「時間」が消費されるので、各チームは残りのお金と時間を考えながらカードの選択を繰り返す。

　しばらくすると、「中間評価」の時間が来た。ホワイトボードには「202X 年」と書かれ、「経済 21　環境 3　社会 1」とある。各チームが取り組ん

写真 2-31　2030SDGs は SDGs 達成を擬似体験できる

だプロジェクトによって、世界がどう変化したのかが表されている。明らかに経済の数値が突出している。司会者は「経済は絶好調、しかし環境は危機的な状況で、社会には貧富の格差が拡大している」と解説した。各チームは自分たちに与えられた目標達成に取り組んだが、経済を優先したため環境と社会への配慮を欠いた世界ができてしまった。

SDGs の世界達成を経験

　休憩を挟んでゲーム再開。各チームは残りのお金と時間を気にしながら、カードを選んでプロジェクトを実行。他のチームにカード交換を申し込むチームもあった。

　しばらくすると「2030 年」を迎えてゲームは終了。ホワイトボードには「経済 17　環境 10　社会 13」と書かれており、明らかに環境と社会が改善した。

　「前半は自分のチームを中心にプロジェクトを選んだ。後半は世界のことも考えた。前半と後半で気にすることが変わったのでは」という司会の評価。言い当てられたようで、参加者も納得していた。

　SDGs の理念が書かれた「持続可能な開発のための 2030 アジェンダ」

には、SDGs の目標とターゲットが「経済、社会、環境の三側面を調和させるものである」と書かれている。つまり SDGs が達成されると経済、社会、環境のバランスがとれた世界になる。

社員はゲームで経済、社会、環境を同時によくする行動をとり、SDGs 達成を体験した。

ESG 投資の目利き力を養う

資産運用会社である損保ジャパン日本興亜アセットマネジメントは ESG（環境・社会・企業統治）投資（Column7）を推進する。

環境や社会に配慮し、不正を犯す心配がなく、持続的に成長する力を備えた企業の株式を選ぶのが ESG 投資だ。ただ、売上高や利益などと違い、どういう活動を ESG として評価するのか難しいポイントである。

そこで SDGs が投資家、企業の「共通言語」となる。SDGs には「環境や社会もよくしよう」という目標が書かれているからだ。SDGs を意識して経営を進める企業は、ESG にも取り組んでいると評価できる。今回のゲームは社員の SDGs への理解を高め、ESG 投資の目利き力を養おうと、イマココラボに依頼した。損保ジャパン日本興亜アセットマネジメントの全社員 150 人が 3 回に分けてゲームを体験した。

SDGs ビジネスを考える研修会

損保ジャパン日本興亜アセットマネジメントが属する SOMPO ホールディングスは、グループ全体で社員への SDGs の浸透に取り組む。

2018 年 2 月には東京・新宿の本社ビルでグループ社員を対象とした SDGs 研修会を開いた。こちらも単純な座学ではなく体験型。SDGs に合致する新規事業を社員に考えてもらうという内容だった。

参加したのは人事、経営企画、グループ会社の社員など合計 80 人。CSR 室が呼びかけた研修会に自ら応募してきた社員ばかりだ。参加者には「社会課題を解決し、社外と協力関係を築ける事業」というテーマを与

第2章 社会に必要とされる事業を考える

写真 2-32　SDGs ビジネスを考える研修会。80 人が参加した

え、まずは1人で、次にグループで事業を話し合った。

　検討は40分程だったが「自然災害の予報を直接、保険契約者に知らせる」「防災の取り組みを地域の過疎抑制につなげる」「認知症を防ぐ家づくり」など、SDGsのビジネスプランが次々と発表された。真剣な社員を見守っていた損保ジャパン日本興亜の二宮雅也会長は「新しい価値や社会構造を生み出すことが企業に求められている」と社員にエールを送った。

社員食堂でも SDGs 浸透

　研修会だけが社員への普及活動ではない。身近なところで日常的にSDGsを実践できる場もつくっている。

　国連の「世界食料デー」である2018年10月16日、SOMPOホールディングスの中核会社である損保ジャパン日本興亜は、社員食堂で海の生態系に配慮して漁獲した水産食品「サステナブル・シーフード」を使った料理を提供した。メニューはエビチリ、普段よりも100円ほど高いが完売したという。

　サステナブル・シーフードは、海洋管理協議会（MSC）や水産養殖管

理協議会（ASC）の認証を受けた食材。水産資源をとりすぎると魚介類が少なくなり、いずれ思うように漁業ができなくなる。養殖であっても水産用医薬品の与えすぎが海を汚し、エサの過剰漁獲が海洋の生態系を乱す。MSC、ASCとも水産資源の乱獲を防ぎ、自然を破壊しない漁業を行った証であり、「海のエコラベル」と呼ばれる。

損保ジャパン日本興亜は毎日、利用する社食で社員に水産資源への関心を持ってもらおうとサステナブル・シーフードの提供を始めた。認証食材の流通量がまだ少なく月1回の提供だが、食事という日常の行動でSDGsの**目標14**「海の豊かさを守ろう」に貢献できる。

また、普段の業務でも生かせる。同社の保険契約者が水産物を扱う企業なら、社会から海洋の生態系への配慮を求められている可能性がある。社員はサステナブル・シーフードを通して顧客の課題を知る機会となる。

社食ではNGOレインフォレスト・アライアンスから持続可能性が認められたコーヒーも提供している。同NGOは生態系や生産者の人権に配慮した農園を認定しており、認証を受けた商品には「カエル」マークがつく。

社食で脱プラも

社食ではプラスチック製のコーヒーカップとストローの提供をやめた。サステナブル・シーフードの提供開始と同じ10月16日から、社員にはマイカップとマイストローの持参を推奨している。海洋ゴミ問題によって関心が集まる「使い捨てプラ」の使用を減らす"脱プラスチック"への取り組みだ。

また、自宅で使わなくなったエコバッグを社員から提供してもらい、社内で再利用する取り組みも始めている。社食に置いた回収箱に布や樹脂製のエコバッグ、紙袋を社員に入れてもらう。回収したエコバッグは社内の売店で使い、買い物に来た社員にレジ袋代わりとしての利用を薦める。エコバッグはシェアリング（共同利用）し、商品を職場へ持ち帰った後、回収箱に戻してもらう。不要なエコバッグの有効活用とレジ袋削減を同時に

第2章　社会に必要とされる事業を考える

写真 2-33　エコバッグの回収箱

実現する取り組みだ。

　損保ジャパン日本興亜 CSR 室の伊藤穂乃香主任は「なぜ使い捨てプラが問題となっているのか、社員の気づきにしたい」と取り組みの狙いを語る。

　プラ製カップ、ストローの提供中止、エコバッグのシェアリングは SDGs の**目標 12**「つくる責任　つかう責任」につながる。保険会社はメーカーではないので「つくる責任」に当てはめにくいが、使い捨てプラ製品の削減で「つかう責任」を果たせる。サステナブル・シーフードと同様、社内での脱プラの取り組みによって保険の顧客であるメーカーの課題を認識できる。

社内活動を社外にも紹介

　社内の活動を社外にも広げようとしている。損保ジャパン日本興亜はグループ内の SDGs 関連の活動を事例集としてまとめた。営業職員がかばんに入れて持ち運べて、SDGs に関心を持つ企業や自治体に無料で紹介している。

事例集はSDGsの17の目標に合わせて整理し、20件以上の提案メニューを掲載。例えば、持続可能なコーヒーに興味を持った顧客にはレインフォレスト・アライアンス認証によるコーヒーの購入方法を教える。提案を受けて認証コーヒーの購入を始めた顧客もSDGsの**目標1**「貧困をなくそう」、**目標15**「陸の豊かさも守ろう」に貢献できる。

他にも子ども向け防災教育、認知症の正しい知識を学ぶ「認知症サポーター制度」などの社内活動を効果と一緒にまとめた。

損保ジャパン日本興亜CSR室の志次卓次特命課長は「SDGsの認知度が高まり、取り組みを始めたい企業が増えている。内閣府がSDGs未来都市を選定したこともあって自治体や地銀で機運が高まっており、当社の取り組みに興味を持つ顧客が増え、営業担当者が相談を受けている」という。

事例集を作成したおかげで営業職員は紹介しやすくなり、顧客との関係性を強くできるようになった。また、営業職員も活動を顧客にも広げることでSDGs達成に貢献できる。営業職員にとっては研修会で覚えたSDGsの実践の場ともなる。

社外にも広がると、例えばサステナブル・シーフードの需要を増やすことになり、海のエコラベル認証を取得する水産関係者が増え、海洋の生態系保全に好影響となる。どの活動も社内にとどめておくよりも、社会への貢献度を大きくでき、**目標17**「パートナーシップで目標を達成しよう」につながる。

SDGs 成功ポイント

□ SDGsを体験・実践できる場づくりの必要性

CSR担当者、環境担当者の出番です。どうやって社員にSDGsを理解してもらうのか、企画力が問われます。中小企業であれば社長や総務の手腕にかかっています。

社会的責任の国際規格「ISO26000」、環境の国際規格「ISO14000」がありますが、専門性が要求されるため本文を読むのはCSRや環境の担当者が多

いです。SDGsなら専門知識がなくても読めます。経営企画、営業、研究、生産の方も「本業で社会や環境に貢献できる」「私たちの仕事は世の中に求められている」と気づき、CSRや環境活動への関心が湧きます。

　本文にも書きましたが、アジェンダにはSDGsの目標とターゲットが「経済、社会、環境の三側面を調和させるものである」とあります。他にも「三側面においてバランスがとれ統合された形で達成することをコミット」など、経済、社会、環境のいずれも大切と繰り返されています。

　会社でCSR担当者や環境担当者は「社会」「環境」の役割です。「経済」は経営企画、経理、営業など多くの部門が当てはまるのではないでしょうか。SDGsを話題の中心にすると、他の部署にも社会や環境に興味を持ってもらえます。

　SOMPOグループのCSR担当者は、社員が身近なところでSDGsを実践できる場をつくりました。社員は「サステナブル・シーフードって何」と気になります。SDGsに貢献すると気づくと、社外でいいたくなるのではないでしょうか。顧客に「SDGsは身近なことから取り組めます。『海のエコラベル』というのがあるんです」というふうに。

　座学だけでなく実践の場をつくることが、社員にSDGsを広めるコツかもしれません。

Case 16 住友化学株式会社

社員全員参加のSDGs。
活動を投稿し、1人1人が自分ごと化

分類	SDGs戦略	企業戦略	戦略期間
大企業	顧客支援・関係性強化	社員のモチベーション向上	即効性あり

SDGs目標	2　3　7　12　13

●本社所在地：東京都中央区新川2丁目27番1号 東京住友ツインビル（東館）　●設立：1913年
●従業員：単独6,005人、連結31,837人（2018年3月現在）　● URL：https://www.sumitomo-chem.co.jp/

　会社案内に掲載された社長の写真を見ると、スーツの襟元にSDGsの丸いバッジが装着されていることが珍しくなくなった。ドーナツ型のバッジの17色は、SDGsの17目標を表現している。はじめは米ニューヨークの国連本部でしか手に入らなかったが、いまは啓発用に製作する方がいるおかげで国内でも入手できるようになった。

役員がいち早くバッジ

　住友化学は日本"最速"といえるほど真っ先に全役員がSDGsバッジを身に着けた。住友グループを象徴する「井桁」の社章よりも目立つ。2017年発刊の統合報告書「住友化学レポート2017」を開くと、役員が担当事業を説明するページにSDGsのアイコンが掲載されている。事業を通じてどの目標達成に貢献しようとしているのか、一目で分かる。この掲載方法も各社に広がっている。

　バッジや事業別のコミットは役員による決意表明であり、社員への意識啓発の狙いもある。経営陣が先頭に立ってSDGsを推進していく姿勢が伝わってくる。

　「違和感なくSDGsを進められている」とCSR推進部の福田加奈子部長は語る。「技術を基盤とした新しい価値の創造に常に挑戦します。」などを掲げた経営理念とSDGsの考え方が一致するからだ。また、SDGs前の「MDGs[※31]」（ミレニアム開発目標）から取り組んできた経緯もあって始

第 2 章　社会に必要とされる事業を考える

動が早かった。

　住友化学のMDGsに向けた取り組みといえば、防虫剤処理蚊帳「オリセットネット」が有名だ。アフリカなどで、マラリア対策として世界保健機関（WHO）から使用が推奨されている。タンザニアの企業に技術を無償供与し、同国で生産することで雇用創出や経済成長にも貢献している。国際機関を通じてこれまでに80以上の国々に届けられた。

社員の投稿サイトを開設

　SDGsについて社員への理解浸透に力を注いでいる。国連が企業に要請する、本業でSDGsに貢献するという点も、経営理念に通じる。福田部長は「求められるのは、世界を変えるイノベーション」と受け止めている。イノベーションを起こすのは社員であり「全員がSDGsを理解していないと、活動に力を込められない」と語る。全員参加にこだわり、SDGsをグループ社員約3万3000人の"共通言語"にしようと啓発を続けている。

　2016年度、社員参加型プロジェクト「サステナブルツリー」を始めた。住友化学グループ社員向けウェブサイトを開設し、役職員がSDGsの17目標に関連して「自分の仕事や生活において何ができるか」を考えて投稿する取り組みだ。SDGsを理解し、社員1人1人のモチベーション向上につなげる。日常生活も含めて募集し、100日間で6000件以上の投稿が寄せられた。

　2年目の2017年度は「仕事を通じたSDGsへの貢献」について投稿を呼び掛け、100日間で延べ2万3654人から9099件の投稿があった。

自発的な活動が続々

　3年目となった2018年度は、ウェブサイトをリニューアルし、SDGsに

Keyword 31　MDGs
Millennium Development Goals、ミレニアム開発目標。2000年9月の国連総会で採択。貧困、教育、環境、人権など8つのテーマについて、2015年までの達成すべき目標とアクションプランを定めた。

Case 16　住友化学株式会社

写真 2-34　サステナブルツリーのサイト

関する総合情報提供の機能を拡充した。具体的にはサイト内でグループ内の優れた取り組みや製品・技術を紹介し、組織や社員間での啓発や情報交換を活発にできるように工夫。また、気候変動やSDGs関連の最新動向を掲載し、社外情報にもアクセスできるようにした。さらに役員がメッセージの発信や自らのコミットメントを率先して投稿し、社員の参画を促した。

社員への理解も進み、職場単位での勉強会、eラーニング、報告資料へのSDGsアイコンの表記など、さまざまな自発的な活動が生まれた。2018年度は100日間で延べ3万598人の参加者から7700件の投稿があった。

2016年度からの継続的な活動、サイトのリニューアル、役員が先頭に立った事前の盛り上がりが相乗効果となり、国内外のグループ各社、各職場でSDGsへの理解が着実に深まった。

社長、役員が登場するSDGsマンガも

他社にないユニークな取り組みとして2016年、社長や役員が登場してSDGsを伝えるマンガを作成し、11カ国語に翻訳して社員にメール配信した。ホームページでも公開されており、誰でも閲覧できる。社員にSDGsを身近に感じてもらえる効果があった。マンガでもサステナブルツリーを告知し、肩肘張らずにプロジェクトへ参加できる雰囲気を醸成した。

あの手この手で社員への浸透策を打ち出してきた福田部長は「SDGsを理解し、次に何をするのか。その答えは自分で出さないといけない。『自主的に』考える集団を目指す」と意気込みを語る。

T・S・Pの三位一体で

住友化学グループでは「T・S・P」の三位一体によるSDGsへの取り組みを基本とする。「トップ（Top）のリーダーシップの下、事業を通じて（Solution）、全社員が参加（Participation）」のT・S・Pだ。

トップはSDGsバッジの装着やメッセージの投稿などでリーダーシップを発揮し、サステナブルツリープロジェクトでグループ全社員参加の土壌が整った。そして、事業を通じての「ソリューション」の開発・提供に取り組む。経営理念にも「事業活動を通じて人類社会の発展に貢献します。」とあり、SDGsの取り組みでは「事業」が欠かせない。

「事業を通じて」へ、製品・技術の認定制度を運用

「事業を通じて」の活動として、持続可能な社会づくりに貢献する技術・製品を認定する制度「スミカ・サステナブル・ソリューション」を2016年度から運用している。温暖化対策、環境負荷低減など社会課題解決に貢献する製品・技術を認定し、その開発や普及を促進する住友化学独自の取り組みだ。

認定製品は、SDGsの17ある目標のいずれかに貢献する。2016年度に認定されたリチウムイオン二次電池用セパレータは、**目標7**「エネルギーをみんなに　そしてクリーンに」、**目標13**「気候変動に具体的な対策を」の達成に貢献する。マラリアを予防する蚊帳「オリセットネット」は**目標3**「すべての人に健康と福祉を」と**目標13**だ。

2017年度は作物の品質や収量を高める「バイオラショナル製品」、「種子処理剤」など、農業分野に貢献する13製品を選んだ。2018年度は電極製造時の有機溶媒使用量を減らすリチウムイオン電池用バインダー、温度

Case 16 住友化学株式会社

写真 2-35 目標 7 と 13 達成に貢献するリチウムイオン二次電池セパレータ

によって自動的に太陽光の透過性が変化する農業用ハウスフィルム「調光」など 10 製品を認定した。リチウムイオン電池用バインダーは**目標 7**、**目標 12**「つくる責任　つかう責任」に貢献し、「調光」は**目標 2**「飢餓をゼロに」、**目標 12**、そして**目標 13** が貢献分野だ。

2018 年 7 月までの認定数は 44、売り上げ規模は約 3400 億円（2017 年度）となった。2016 年度から 2020 年度までの 5 年間で認定製品・技術の売り上げ規模の倍増を目指している。売り上げが増えればそれだけ社会で使われた実績となり、SDGs への貢献が大きくなったと評価できる。

SDGs の"レンズ"を通すと、自分たちの技術・製品の新たな貢献分野を発見できる可能性がある。レスポンシブルケア部の河本光明担当部長は認定制度を「視野と視点の拡大につなげたい。グループ会社からも認定製品を掘り起こしたい」と語る。2018 年度認定のリチウムイオン電池用バインダー、調光はともにグループ会社の製品だ。

ESG・SDGs 高評価で協調融資

経営としての社会課題解決への取り組みを加速させるため 2018 年 4 月、

「サステナビリティ推進委員会」を設置した。十倉雅和社長が委員長となり、経営トップ主導で全社横断的にESG（環境・社会・企業統治）を推進する。

早くからSDGsを推進し、グループ社員1人1人の活動として進めてきた成果が社外からも評価されている。2017年12月、政府のSDGs推進本部（本部長・安倍晋三首相）が先進的に取り組む自治体や企業を表彰する第1回「ジャパンSDGsアワード」で、SDGs推進副本部長（外務大臣）賞を受賞した。

2018年10月には三井住友銀行が提供する「ESG／SDGs評価シンジケーション」の第1号案件として、計222億8000万円の資金を調達した。

このシンジケート・ローン（協調融資）は、三井住友銀行と日本総合研究所が作成した基準でESGとSDGsの取り組みや情報開示を評価する国内初の商品。住友化学のESGとSDGs評価の趣旨に賛同した21の金融機関が協調融資に加わった。

約3万3000人のグループ社員1人1人にSDGsを理解してもらい、"自分ごと化"してもらうには、大きな労力と根気が必要だろう。おそらく年1回程度の研修会では社員にハラ落ちしない。継続して社員に参加してもらえる仕組みを提供し続けると、1人1人にSDGsが浸透するはずだ。社員が自分ごと化できると、現場発のイノベーションが生まれる。

SDGs成功ポイント

☐社員が業務でできるSDGsのアイデア「投書」

サステナブルツリーは社員1人1人、もしくは職場単位で考える機会を毎年つくっています。だから自分ごと化ができ、SDGsの浸透が図られているのだと思います。

ウェブサイトへの投稿数で、社員のSDGsへの関わりが定量化されているのがいいと思いました。3年目は延べ3万人が参加しました。これは延べ人数ですが、3万3000人のグループ社員のほとんどが参加したのではないで

しょうか。

　社内でSDGs研修会を開いても、参加した社員数は分かりますが、浸透具合の測定は難しいです。投稿なら、自分とSDGsとの関わりを考えて書き込んだはずなので「浸透した」といえそうです。中小企業でも「投書」で始められそうです。

　個人的な見解ですが、複数の事業部門があり、国内外にグループ会社があるような大企業だと、職場単位でSDGsの活用方法を考えるのが適していると思います。そして、職場から「うちの事業部（会社）はこういう活動で貢献していきたい。アイコンはこれ」とボトムアップで声が上がってくるのが理想ではないでしょうか。CSR担当部署が「あの事業部のあの製品は何番」と割り振っても効果が薄そうな気がしています。

　グローバル・コンパクト・ネットワーク・ジャパン（GCNJ）と地球環境戦略研究機関の2017年の共同調査では、SDGsが「中間管理職に定着」との回答が9％にとどまりました。大企業が多く参加するGCNJの会員254社・団体を対象にした調査でも、社内浸透は難しいです。

　損保ジャパン日本興亜の二宮雅也会長は「経営トップが確信を持ち、繰り返し発言する必要がある」と語っていました。トップメッセージも掲載するサステナブルツリーは効果的な取り組みではないでしょうか。

Case 17　メタウォーター株式会社

TOP Interview | 中村　靖　代表取締役社長

SDGsがもつ、社員のモチベーション、リクルート、投資家への訴求効果とは

分類	SDGs戦略	企業戦略	戦略期間
大企業	社会貢献	社員のモチベーション向上	継続的取り組み

SDGs目標　6　11　17

- 本社所在地：東京都千代田区神田須田町1-25　JR神田万世橋ビル　●設立：2008年
- 従業員：2,961人（2018年3月現在）　● URL：http://www.metawater.co.jp/

　メタウォーターは2008年、日本初の水・環境分野の総合エンジニアリング企業として発足した。2018年4月に設立10周年を迎え、いま、SDGsを活用し、自社の社会的な役割を訴求している。そこで、中村靖社長にSDGs活用術について聞いた。

――メタウォーターの事業領域は水・環境分野です。SDGsは目標6で水問題の解決を国際社会に求めました。世界がメタウォーターに対して解決を要請しているともいえますね。

　2016年、社長に就任してから社員に「仕事をしながら社会へ貢献ができるのだから、がんばろう」といってきました。同じ内容でも、国連が決めたSDGsを活用すると説得力が増します。自分の勤めている会社が世の中に必要とされていると理解でき、社員の自信になります。

　なんといってもわかりやすいのが一番。SDGsのアイコンを使うと伝わりやすいです。私は社外で「6番担当の中村です」とあいさつしています（笑い）。

Tシャツのデザインと長期ビジョン

――確かに「SDGsの6番」と聞いただけで、どういう分野で活動している会社なのか分かります。イベントで中村社長がSDGsのTシャツを着

Case 17 メタウォーター株式会社

写真 2-36　中村社長がデザインした SDGs Ｔシャツ

用している姿を見たことがあります。

　Ｔシャツを見た人に考えて欲しいと思い、私がデザインをしました。

　「GOALS！」の文字の下に升目があります。よく見てください！　3 列のうち上段と中段の升は 6 個ずつですが、下段だけ 5 個です。升目の合計 17 個なので、この構図で SDGs のロゴだと気づくでしょう。

　チェックの入った升が 3 個あります。位置関係から、何番の目標をチェックしているか、考えたくなりますよね。

　目標 17「パートナーシップで目標を達成しよう」、**目標 11**「住み続けられるまちづくりを」、**目標 6**「安全な水とトイレを世界中に」です。

　なぜ下段から答えをいったのか、これにも意味があるんです。

　当社は長期ビジョンで、「地域・社会とともに発展し続ける企業へ」を目指す姿として掲げています。どのような姿なのか絵で描くと、当社グループ、パートナー企業、市民・自治体、地域企業で「水の循環」「くらし・産業」などを支えている姿となります。**目標 17**（パートナーシップ）で**目標 11**（まちづくり）、**目標 6**（水）を支えているんです。SDGs のアイ

第2章　社会に必要とされる事業を考える

図 2-9　メタウォーターの「地域・社会とともに発展し続ける企業へ」

コンの位置関係と似ていますよね。

　SDGs を知るほど我々のビジョンと重なっていると気づき、いろいろな方に教えたくなります。

　社員にはSDGsを「21世紀へ残された我々への宿題」と伝えています。「17（ゴール）と 169（ターゲット）の宿題があるんだよ。子ども、孫のために我々の世代が取り組まないといけない宿題なんだ」といっています。

「6番担当のメタウォーターです」

――SDGs と業務の共通点が多いと、社員のモチベーション向上につながりそうです。

　そうです、社員のモチベーション向上を期待しています。

　社会のために働きたいと考えている若い社員が増えている実感があります。

　これからの企業にとって大切なのがリクルートです。今後、人材が集まらずに倒産する会社が出てきてもおかしくないと思っています。知名度の

高い大企業は、不自由はしないでしょう。優秀なベンチャー企業にも人材が集まると思います。それ以外の企業はどうなるのか、私は危機感を持っています。

メタウォーターにとって、社会への貢献意識の高い学生にビジョンを共感してもらえることが大事です。「世界目標の6番を担当している会社です」といえるので、リクルートで訴求力になります。

すばらしいビジネスモデルであっても、いい人材がいないと事業は回りません。当社の投資は人が中心です。「人財」と書きますが、形だけにはしたくないです。成績優秀だけよりも、意識が高く、目的をしっかりと持ち、業務を遂行できる人財が集まってくる会社にしたい。

中途採用の方でも「水環境を守り続けたい」という思いを共有する多様な方々に入社してもらっています。

多面的な波及も意識

——SDGs をあらゆる分野で活用していますね。

SDGs はありがたいです。いろんな場面で使わせてもらっています。

それに**目標6**が解決すると、他の課題解決にもつながります。例えば**目標4**「質の高い教育をみんなに」も、水の問題と関係します。近くに水源がないために子どもが遠くの川や池へ水をくみに行っている地域が世界にはあります。近所で水が手に入る環境が整うと、子どもたちは長時間の水くみから解放され、学校に通えるようになるので**目標4**にも貢献できます。

また途上国では不衛生な水で顔を洗うため眼病となり、仕事を失う方がいます。安全で衛生的な水にアクセスできると**目標3**「すべての人に健康と福祉を」、**目標1**「貧困をなくそう」にもつながります。**目標6**が多面的に波及していくことを意識し、世の中におけるメタウォーターのポジションを社内外に訴えたいです。

――水処理の仕事のイメージも変わりますね。

　SDGsによって国連が、世界が水環境の重要性をいってくれているんです。企業が勝手に「水インフラに携わる仕事は大切です」といっているのではないです。

　水は人の生存に不可欠な資源です。それでいて価格は安くないといけない。SDGsのターゲットにも「2030年までに、全ての人々の、安全で安価な飲料水の普遍的かつ平等なアクセスを達成する」と「安価」と書かれています。

　経営の立場からすると100％（「全ての人々」）も、ドキっとします。日本でも上水道の普及率が100％ではありません。それなのに全世界で100％は難しいだろうと思ってしまいます。

　しかし、100％が実現可能かどうかは問題ではありません。「誰一人取り残さない」という思い、100％を目指すという姿勢が大事なんです。そういうふうにSDGsを読み直しています。

パートナーと水メジャー

――日本でも水インフラの老朽化が問題となっています。

　更新が迫られている水インフラが全国に多いです。地中の水道管に錆が発生したり、痛んだりと物理現象として交換が必要となっています。しかも資金と人材が不足し、どのように更新して水インフラを維持するのか、大きな問題です。

　これは地域社会全体が直面する課題であって、当社1社で解決はできません。先ほども話しましたが、パートナーが必要です。大学・研究機関の科学的知見、自治体の経験、民間企業の資金力も求められるでしょう。パートナーを束ねる役割をメタウォーターが担いたいです。

Case 17　メタウォーター株式会社

──2008年に会社が発足した当時、和製水メジャー※32を目指すといっていましたが。

　企業規模が大きく、幅広いサービスを提供できるのが水メジャーと考えていましたが、10年が過ぎ、違う水メジャーもあると思うようになりました。地域や異業種と協働し、メンバー全体として水メジャーと同等の事業領域をカバーする方法もあります。

　SDGsによってパートナーと目標を共有し、応援者を増やすことができます。皆さんとともにパワーを集中して問題解決に取り組む、そんなエコシステムが我々の目指す水メジャーです。

──中村社長の思いはSDGsと一致します。役員、社員にも伝わっていますか。

　設立10周年にあたり、次の10年にむけ、社員同士がビジョンを共有する集いを全国各地で開催しました。その場に私は先ほどのTシャツを着て出席しました。関心を持った社員に「これが分かるか」と質問するんです（笑）。考えたり、説明を聞いたりした社員はSDGsを忘れなくなります。「いま、僕らの会社は世界から求められている」と理解してもらいたいです。

投資家にもポジションを伝える

──SDGsは投資家との対話のツールになると思います。短期視点の投資家は3カ月間や半年間の業績で企業を評価します。一方、メタウォーターの事業は水・環境インフラを支え続けることなので、より長い期間の業績評価が向いています。

　例えば、新しい水処理技術を開発しても1年間、狙った効果が出るのか検証しないといけません。さらに顧客の処理施設でも1年間実証すると、開発から採用までに最低2年はかかります。

Keyword 32　水メジャー
施設の設計や建設にとどまらず、行政に代わって上下水道施設を運営し、地域に水を供給する事業まで手がける総合水企業。海外では売上高1兆円を超える水メジャーが活動する。

第2章　社会に必要とされる事業を考える

　短期で株式を売り買いする投資家もいます。しかし、開発に数年単位が必要なビジネスをしている我々にとっては、研究開発を応援してもらえる長期視点の投資家も必要と感じています。

　2030年までの目標であるSDGsを使って世界における水処理産業のポジションを示すと、長期視点での事業活動を理解いただけると思います。——クルマに積んで移動し、河川水などからきれいな水をつくる車載式セラミック膜ろ過装置を水道が未整備のアフリカ、東南アジアへ供給しています。また、国内向けに足踏みで水を浄化する非常用ろ過装置の開発も始めました。

　アフリカで車載式セラミック膜ろ過装置の試運転に立ち会った社員は、透明な水を見た瞬間の現地の子どもたちの顔を忘れられないと語っていました。子どもたちは水が濁っているのを普通と思っています。我々の装置から透明な水が出てくると、驚くそうです。これを、浄水施設が整っていない地域へもっと多く届けるには、コストを下げないといけません。

　そこで国内では非常時にトイレや風呂、洗濯に使える生活用水を供給できるろ過装置の開発を始めました。日本で知見をため、コストを下げたい

写真2-37　車載式セラミック膜ろ過装置

です。若い社員を巻き込みながら開発に取り組んでいます。若い人が夢中となり、課題解決の新しい発想につながればいいですよね。

異業種交流の場を、日本のSDGsを一段高く

最後に私からお願いがあります。SDGsを推進する異業種が集まり、交流できる場が欲しいです。

SDGsのどの目標に貢献するのか、各社が独自で宣言していますよね。いまはそれでいいのでしょうが、いずれ社会から「独りよがり」と映るかもしれません。そこで、交流の場で「メタウォーターは**目標6**に貢献するといっていますが、皆さんはどう思いますか」と質問し、反対を含めて意見を聞きたいです。我々の主張がどう映っているのか、独りよがりではないのか、知りたいです。他業種の方の声を聞くと、より自分たちの考えが磨かれ、説得力が高まっていくと思っています。

また、1社ですべての目標に貢献するのではなく、1社1社が取り組む目標を絞り込み、自社が役割を果たせる分野に集中します。そして集まった企業全体で17目標をカバーし、169ターゲットを埋めていくと日本としての強みになるのではないでしょうか。

1つの目標への活動が、他の目標の達成にもつながります。異業種との交流でどの目標に波及するのか気づき、異業種同士で連携することで、より大きな貢献ができるはずです。異業種の輪ができたら、SDGsの活動そのものが一段高いレベルになるのではないでしょうか。そしてそれは、日本ならではのSDGsの取り組みとして世界に影響を与えうるものになると思います。

SDGs 成功ポイント

☐「私たちは●番の担当」をいってみよう

　中村社長はSDGsを活用し、自社の社会における役割を伝えています。社内にも、社外にも、そしてリクルートにも。メタウォーターのようなインフラに携わる企業は社会に欠かせない存在でありながら、一般への知名度は高くないはずです。それがSDGsによって「世界がメタウォーターを必要としている」とPRできます。

　第1章Step2で紹介した環境省の「SDGs活用ガイド」にも、SDGsのメリットとして「企業イメージの向上」があります。店頭に並ぶ商品をつくっていないBtoB企業も、SDGsの活用で自社の存在価値を社会に伝えられるのではないでしょうか。

　もちろん「SDGsの何番」と名乗るのは自由ですが、中村社長は「独りよがりと思われたくない」と考えています。そこで自社がこの番号を名乗っていいのか、意見を聞ける場を求めています。

　自社がその番号をつけた理由をしっかりと説明できないと、ツッコまれるかもしれません。否定意見も聞き、根拠の不足を補ううちに説得力のある理由になっていきます。

　いま「SDGsウォッシュ」という言葉が聞かれるようになりました。「上辺だけ取り繕ったSDGs」という感じでしょうか。とりあえず番号を付けたが、経営者が説明責任を果たせないようなケースです。他社の意見はSDGsウォッシュを防ぐ意味で効果的と思いました。

　第1章Step3で国連大学の沖大幹上級副学長が「受け身からの積極性への脱却」を求めていました。「独りよがりではない」と堂々といえる場づくりも、積極性への脱却であり、SDGsを活用したPR効果を高めてくれそうです。

■ 著者紹介

松木　喬（まつき・たかし）
日刊工業新聞社　編集局記者

1976年生まれ、新潟県出身。2002年、日刊工業新聞社入社。2009年から環境・CSR・エネルギー分野を取材。日本環境ジャーナリストの会理事。公益財団法人日本環境協会理事。著書は『エコリーディングカンパニー　東芝の挑戦』（日刊工業新聞社）。

SDGs経営
"社会課題解決"が企業を成長させる

NDC 519

2019年3月18日　初版1刷発行
2020年5月22日　初版5刷発行

（定価はカバーに表示してあります）

　編　者　日刊工業新聞社
©著　者　松木　喬
　発行者　井水　治博
　発行所　日刊工業新聞社
　　　　　〒103-8548　東京都中央区日本橋小網町14-1
　電　話　書籍編集部　03（5644）7490
　　　　　販売・管理部　03（5644）7410
　FAX　　03（5644）7400
　振替口座　00190-2-186076
　URL　　https://pub.nikkan.co.jp/
　e-mail　info@media.nikkan.co.jp
　印刷・製本　新日本印刷（株）

落丁・乱丁本はお取り替えいたします。　　2019 Printed in Japan
ISBN978-4-526-07959-7
本書の無断複写は、著作権法上の例外を除き、禁じられています。
本文にはFSC®認証を取得した用紙を使用しています。